主要农作物农业气象观测规范解析

◎ 刘银秀　主编

中国农业科学技术出版社

图书在版编目（CIP）数据

主要农作物农业气象观测规范解析 / 刘银秀主编. --北京：中国农业科学技术出版社，2022.5

ISBN 978-7-5116-5742-8

Ⅰ.①主… Ⅱ.①刘… Ⅲ.①作物气象反应－研究 Ⅳ.①S162.5

中国版本图书馆CIP数据核字（2022）第 066079 号

责任编辑　穆玉红　李美琪
责任校对　李向荣
责任印制　姜义伟　王思文

出 版 者	中国农业科学技术出版社
	北京市中关村南大街 12 号　　邮编：100081
电　　话	（010）82106643（编辑室）　　（010）82109702（发行部）
	（010）82109709（读者服务部）
网　　址	http://www.castp.cn
经 销 者	各地新华书店
印 刷 者	北京建宏印刷有限公司
开　　本	170mm×240mm　1/16
印　　张	12.75
字　　数	250 千字
版　　次	2022 年 5 月第 1 版　　2022 年 5 月第 1 次印刷
定　　价	59.00 元

━━━◀ 版权所有·侵权必究 ▶━━━

《主要农作物农业气象观测规范解析》

编著人员

主　编　刘银秀

副主编　干昌林　黄永平　王　涵　匡晓为

参编人员（按姓氏笔画排序）

　　　　　山亚平　王星宇　邓　环　刘　芹　严　婧
　　　　　杨俊杰　汪　璠　陆鹏程　陈　鑫　林　静
　　　　　孟翠丽　费　强

序

　　农业气象观测是开展农业气象服务的基础，是在农作物生长发育过程中进行物理和生物要素的观测，其观测结果可以为农作物生长气候评价、农业气象灾害监测和评价、农作物病虫害的动态监测等提供重要参考数据和科学依据。

　　本书作者刘银秀同志从事过15年的农业气象观测、12年的湖北省农业气象观测报表质量把关等工作，曾两次获得"中国气象局农业气象观测优秀测报员"称号。1994年中国气象局《农业气象观测规范》正式执行后，1995—1996年她受湖北省气象局业务处委托，主持编写了适用于湖北省一般农业气象观测站使用的《湖北省简易农业气象观测方法》，从而提高了农业气象观测的效率，减少了农业气象观测的错情率，受到基层观测人员的广泛好评。作为湖北农业气象观测专家，20世纪90年代她就参与了中国气象局组织的"关于对《农业气象旬月报电码（HD02）》及《农业气象观测规范》修改意见"讨论的专家团队；曾就农业气象观测资料内部一致性错误探因、棉花观测要点与产量属性的厘清、观测报表作物农业气象条件鉴定时的数据处理方法、历史农业气象报表数字化等农业气象观测资料质量控制和信息处理方面开展了一系列研究。

　　本书采百家作品之长、集刘银秀同志30多年的相关工作经验和科研成果，既有通俗易懂的农业常识，又有从理论原理到观测方法的难点解析；同时还提供了农作物气象条件鉴定的手段和案例，为基层农业气象观测员及其他农业气象观测资料使用者提供了一本实用的参考用书，具有较好的借鉴价值。

值本书出版之际，我真诚地向广大读者推荐此书，也希望这些经验和案例能在智慧农业气象观测中发挥更好的作用。

武汉区域气候中心原主任、二级教授

刘敏

前 言

农业气象学的研究中心是气象条件对农业生产的影响，以及农业生产与气象条件之间的矛盾，在此基础上以求实现高产、优质、高效的目标，是一门边缘科学。农业气象观测是一门科学，又是一门艺术，善于观测者可见常人之所未见，不善观测者入宝山空手而归。农业气象观测不仅包括对大气、土壤、水等环境物理要素的观测，还对作物的生长发育特征和产量结构等生物要素进行观测与记载；并且要求观测资料具有代表性、准确性、比较性。因此，观测人员不仅要有高度的事业心与责任感，还需要做到理论联系实际，不断总结创新；尤应善于揭示迷津，以求不断提高监测技术与研判水平，使观测资料真正成为后来人的宝贵财富。

农业气象观测获取的是第一手的农业资料。作为一个合格的农业气象观测员，不仅要有丰富的气象知识和专业的观测技能，还需要掌握基本的农业知识，这是能否做好科学观测的重要前提。农业知识的涵盖面很广，如基础的生物学知识、田间耕作、播种等农田管理方面的知识等，这些都需要系统且深入的学习。但纵观我国农业气象观测领域现实状况，新入行的观测员苦于无法找到系统而全面的参考书籍；实际工作中往往以传帮带的方式进行，新入行观测员对相关基础理论知识的理解不足，难以对传统的错误观测方法有所辨识并加以修正，因此实际观测中无法确保农业气象工作的质量。

本书围绕《农业气象观测规范》（以下简称《规范》），从细节着手，本着以详述要点、讲通难点、复习常识、拓展知识的原则，对水稻、小麦、棉花、油菜四大农作物的观测等进行了延伸讲解。所涉及内容既有相关农业科学知识的引用以及其他学者研究成果的借鉴，同时也汇集了编者长期从事农业气象观测与科研、农业气象年报表审核等积累的经验。因此，本书可以更好地满足基层农业气象观测员的业务学习需要，尽量使观测员做到知其然，并知其所以然。另外，书中所涉及的作物的生长与基本要素观测、相关知识拓展、病虫害、农业气象灾害等内容，不仅可以为农业气象观测新人的观测工作提供帮助，还可以为农业气象研究人员对农业气象观测历史资料的使用提供参考。此外，我们在较全面地掌握相关专业知识与技能的同时，端正农业气象观测的科学态度也至关重要。"细节决定成败"，农业气象观测是由许多细枝末节的过程组成的，且各环节环环相扣。本书所述内容大量与"细节"相关，它可以帮助观测员在实际观测中注意细节、勾连细节、综合分析细节，最终得出每一份较为完善的农业气象观测报表。

值本书出版之际，感谢主要合作单位武汉农业气象试验站在本书撰写工作中作出的重要贡献，感谢湖北省植物保护总站专家杨俊杰、刘芹不但提供了大量的病虫害图片，而且杨俊杰同志还对病虫害部分的撰写进行了技术把关。另外，书中还参考借鉴了其他学者的研究成果，在此一并表示衷心感谢。由于技术涉及面广，编写人员水平有限，不足之处恳请广大读者批评指正。

作　者

2021年12月

目　录

第一章　水　稻 ……………………………………………………………… 1

　　第一节　水稻的生长与基本要素观测 ………………………………… 1
　　第二节　水稻相关知识拓展 …………………………………………… 12
　　第三节　水稻的病虫害 ………………………………………………… 18
　　第四节　水稻的农业气象灾害 ………………………………………… 29

第二章　小　麦 ……………………………………………………………… 37

　　第一节　小麦的生长与基本要素观测 ………………………………… 37
　　第二节　小麦相关知识拓展 …………………………………………… 45
　　第三节　小麦的病虫害 ………………………………………………… 46
　　第四节　小麦的农业气象灾害 ………………………………………… 51

第三章　棉　花 ……………………………………………………………… 56

　　第一节　棉花的生长与基本要素观测 ………………………………… 56
　　第二节　棉花相关知识拓展 …………………………………………… 62
　　第三节　棉花的病虫害 ………………………………………………… 65
　　第四节　棉花的农业气象灾害 ………………………………………… 71

第四章　油　菜 ……………………………………………………………… 75

　　第一节　油菜的生长与基本要素观测 ………………………………… 75

第二节　油菜相关知识拓展 …………………………………………… 79
　　第三节　油菜的病虫害 …………………………………………………… 82
　　第四节　油菜的农业气象灾害 …………………………………………… 85

第五章　关于主要田间工作记载 ……………………………………… 93
　　第一节　《规范》要求 …………………………………………………… 93
　　第二节　相关知识拓展 …………………………………………………… 95
　　第三节　各种作物的田间工作记载 ……………………………………… 105

第六章　农业气象条件鉴定 …………………………………………… 111
　　第一节　农业气象条件鉴定的重要性 …………………………………… 111
　　第二节　农业气象条件鉴定的信息源建设与管理 …………………… 113
　　第三节　提高农业气象条件鉴定水平 …………………………………… 161
　　第四节　四种作物的农业气象条件鉴定范例 …………………………… 162

第七章　必备基础知识 …………………………………………………… 167
　　第一节　昆　虫 …………………………………………………………… 167
　　第二节　植　物 …………………………………………………………… 168
　　第三节　其　他 …………………………………………………………… 171

参考文献 ……………………………………………………………………… 176

附录1　冬春气候异常导致小麦"豫教2号"结实障碍的分析 ………… 181

附录2　湖北历史农气报表数字化资料录入实践与思考 …………………… 187

第一章 水稻

第一节 水稻的生长与基本要素观测

一、水稻的"三性"

水稻的"三性"是指感光性、感温性和基本营养生长性的遗传特性（吴洪勇，2018）。不同地区、不同栽培季节，水稻生育期的长短基本上决定于该品种"三性"的综合作用。

（一）水稻的感光性

水稻的感光性是指在适于水稻生长的温度范围内，因日照长短使生育期延长或缩短发生变化的特性，称水稻的感光性。对于感光性品种，短日照可以加速其发育转变而提早幼穗分化，即短于某日长时，抽穗较早；长于某日长时，抽穗显著推迟，这称为"延迟抽穗的临界日长"，即是诱导幼穗分化的日长高限。水稻品种不同，种植地区不同，延迟抽穗的临界日长也不同。

（二）水稻的感温性

水稻的感温性是指在适于水稻生长的温度范围内，高温可使水稻生育期缩短，低温可使生育期延长，这种因温度高低而使发育期发生变化的特性，称水稻的感温性。水稻在高温条件下品种生育期会缩短，但缩短的程度因品种特性而有所不同。

（三）水稻的基本营养生长性

水稻进入生殖生长之前，即使受高温短日影响也不能被缩短的营养生长期，称为水稻的基本营养生长期。在基本营养生长期不被环境因子所左右的品种本身所固有的特性，称为品种的基本营养生长性。营养生长期中受短日高温所缩短的那部分生长期，称为可消营养生长期。

水稻的"三性"是在气候条件和栽培季节影响下形成的（姜海涛，2012），对任何一个品种来说，"三性"是一个相互联系的整体。根据品种感光性、感温性的强弱和基本营养生长期的长短划分光温反应类型，实际上就是将不同生态类型稻种的"三性"进行组合。在我国南方稻区，不同品种表现出不同的"三性"特点（表1.1），早稻品种绝大多数感光性弱，感温性中等，基本营养生长期短至中等；中稻品种感温性中等至强，感光性较弱，多数基本营养生长期较长；晚稻品种感光性强，感温性强至中等，基本营养生长期短至中等。

水稻的"三性"在引种方面的应用：①纬度与海拔高度相近的地区。因气候条件差别小，引种易成功。②不同纬度间引种。北种南引，水稻生长期间日长（光照时间）变短，温度升高，可造成生育期缩短，产量减少，故一般不宜引用早熟品种；南种北引，水稻生长期间日长（光照时间）变长，温度降低，引用感光性弱的早稻早熟品种较易获得成功，而引用感光性强的晚稻品种则较难获得成功。③不同海拔高度引种。一般纬度相同时，海拔越高气温越低，所以在同纬度由高海拔向低海拔引种，生育期缩短，成熟提早，引迟熟品种较为适宜；由低海拔向高海拔引种，引用早、中熟品种较好。

表1.1 我国南方稻区不同水稻品种的"三性"特点（杨文钰 等，2011）[12]

水稻品种		感温性	感光性	基本营养生长期	决定生育期的主要因素
早稻		从弱到强均有	很弱或钝感	较短	温度高低
晚稻		强或极强	强或极强	最短	温度和日长，日长＞温度（自然条件）
中稻	早、中熟品种	偏向于早稻		比早稻或晚稻都长	温度和日长，温度＞日长（自然条件）
	迟熟品种	偏向于晚稻，但感光性不及晚稻			

二、水稻的基本要素观测

（一）水稻叶的构造与三叶期的辨识

在实际三叶发育期观测（图1.1）中，时有将芽鞘、不完全叶当作第一片叶的错误发生。

（1）发芽时最先出现无色薄膜状的芽鞘。

（2）从芽鞘中长出的第一片绿叶，只有叶鞘，一般称为不完全叶。

（3）自第二片绿叶起，叶片、叶鞘清晰可见，习惯上称为完全叶。水稻完全叶包括叶片、叶鞘、叶舌、叶耳和叶枕。

（4）稻谷破胸以后，胚芽鞘突破谷壳便为芽鞘。芽鞘不含叶绿素，具有两条大脉，芽鞘生长终止前后，向稻谷一侧弯曲，顶端出现一裂口，从中伸出不完全叶。

（5）不完全叶含有叶绿素，其叶片很小，以致肉眼只见叶鞘，不见叶片。之后又从不完全叶内抽出第一片完全叶，称为第一叶。

（6）三叶期从第二片完全叶的叶鞘中，出现全部展开的第三片完全叶。

图1.1　水稻叶的构造与三叶期的辨识

（二）水稻的叶蘖同伸

水稻生长同伸规律主要包括：①叶蘖同伸规律是当N叶抽出时，$N-3$叶的分蘖同时生长；以正在生长的第5叶为例，当5叶正在生长时，第2叶的分蘖同时生长；②叶与叶鞘同伸规律是当N叶露尖时，N叶叶鞘伸长，同时$N+1$叶叶片伸长、$N+2$叶组织分化、$N+3$叶组织分化开始、$N+4$叶原基分化；如：5叶露尖时，5叶叶鞘伸长，6叶叶片伸长，7叶组织分化开始，8叶组织刚开始分化，9叶叶原基分化；③叶片与根系的同伸规律是当N叶抽出时，N"节根原基"分化，$N-1$、$N-2$"节根原基"发育、$N-3$节发根、$N-4$节根生出1次分枝根、$N-5$节根生出2次分枝根；④叶节同伸规律是当N叶抽出时，$N-1$到$N-2$节间伸长。

（三）水稻的分蘖有效性

水稻的有效分蘖是指在拔节时≥4叶期（3叶1心）的分蘖；水稻的无效分蘖是指在拔节时＜4叶期的分蘖。

（四）水稻秧苗与稗草

水稻移栽返青后，进行大田定点定株观测时，稻株中往往夹有稗草（图1.2），若不及时清除，误将其当作稻株进行高度、密度、生育期观测，势必对观测质量造成影响，故应该特别注意。两者主要区别如下。

（1）稗草叶片较秧苗叶片光滑，颜色偏深。

（2）稗草主叶脉较宽，呈现明显的白色。

（3）稗草叶枕处光滑，没有毛茸茸的叶耳，秧苗则不然。

图1.2 稗草

（五）水稻的拔节观测

1. 拔节的定义

茎基部茎节开始伸长，形成有显著茎秆的茎节称为拔节。拔节高度距最高生根节长度指第一节间的长度，第一节间离地面最近；早稻的第一节间长度为1.0cm，中稻为1.5cm，晚稻为2.0cm。

早稻在拔节前穗分化开始，第一节间伸长；中稻在拔节时穗分化开始，第一节间定长，第二节间伸长；晚稻在拔节后穗分化开始，第一、第二节间均为定长，第三节间伸长。

2. 水稻的稻穗分化发育时期的主要特征

水稻在群体条件下，边行往往比群体内部条件优越。首先，边行在群体中互相遮阴少，光照充足；其次，边行通风条件好，有利于叶片的光合作用，湿度较小，病害亦相对较轻；最后，边行根系伸展范围大，根系旺盛，对土壤中营养物质的吸收量相应增加，也有利于植株个体的发育。

1994年前的农业气象观测有"穗始分化"生育期的观测，主要依靠"边际法"：在稻田边边际效应明显地段，抽取发育特别早的稻苗，通过田间拨查进行推断，根据茎基部生长锥上有无毛、少毛、多毛连续观测确定（表1.2）。一般将"二期苞毛现"的时间，往前推2~3d作为"穗始分化"生育期（图1.3）。

表1.2 稻穗分化8个发育时期的主要特征（杨文钰 等，2011）[17-18]

稻穗分化	时期	经历天数/d	田间拨查经验	稻穗发育期	各期主要特征
稻穗形成期	第1期	2~3	一期看不见	第一苞分化期	又称穗颈节分化期。在生长锥基部分化出环状突起，即出现第一苞原基
	第2期	4~5	二期苞毛现	一次枝梗原基分化期	一次枝梗原基在生长锥基部开始由下而上依次分化第二苞、第三苞原基。苞分化到生长锥顶端时，开始长出白色的苞毛
	第3期	6~7	三期毛丛丛	二次枝梗原基和小花分化期	二次枝梗原基在一次枝梗基部分化。二次枝梗及颖花原基分化结束时，肉眼可见大量苞毛，幼穗长1.0~1.5mm
	第4期	4~5	四期粒粒现	雌雄蕊形成期	在颖花原基上，出现外稃和内稃原基和雌蕊原基和雄蕊原基；雄蕊分化出花药和花丝；内外稃逐渐闭合。幼穗雏形形成，长5~10mm
孕穗期	第5期	2~3	五期颖壳分	花粉母细胞形成期	花粉母细胞形成；剑叶正在抽出，颖花长度接近2mm，达全长25%，幼穗长1.5~4.0cm
	第6期	2	六期叶枕平	花粉母细胞减数分裂期	花粉母细胞分裂，四分体形成。幼穗生长迅速，长度由3~4cm伸长到10cm以上；颖花达全长50%

（续表）

稻穗分化	时期	经历天数/d	田间拨查经验	稻穗发育期	各期主要特征
孕穗期	第7期	7~8	七期穗见绿	花粉内容物充实期	花粉单核，外壁形成，发芽孔形成，进一步形成二核花粉粒；颖花达全长85%
	第8期	2~3	八期穗将伸	花粉完熟期	抽穗前1~2d花粉发育全部完成；花药变黄，内外颖叶绿素大量增加

图1.3　稻穗分化第2期生长锥分化

剥取茎顶端幼穗是个细致活（图1.4），应先去掉叶片，然后用指甲尖轻轻地纵向划破叶鞘，自内向外小心剥去幼叶，直至茎尖刚刚开始分化的幼穗完整无损地显露出来。

图1.4　早稻稻穗"二期苞毛现"

3. 水稻的茎节

茎有支持、输导、储藏的功能。稻株的叶、分蘖、不定根都是由茎上生长出来的。稻茎一般呈中空圆筒形,着生叶的部位是节,上下两节之间为节间。稻茎由节和节间组成。稻茎基部的节间不伸长,各节密集,节上发生根和分蘖,习惯上称其为根节和分蘖节。茎上部有若干伸长的节间形成茎秆(图1.5)。

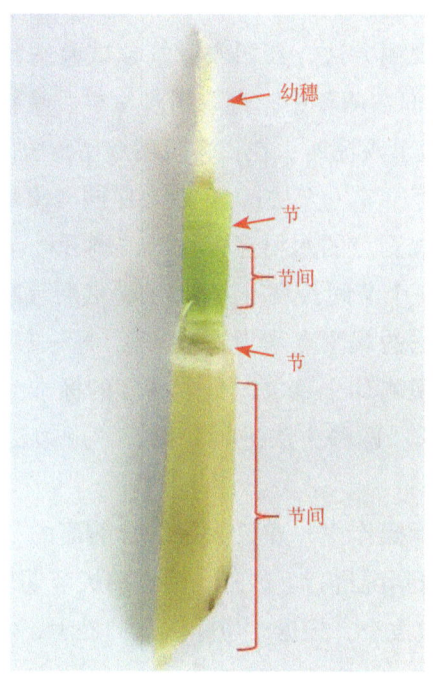

图1.5 水稻的茎节

水稻主茎一般具有9~20个节,4~7个伸长节间。生育期短的品种,总节数和伸长节间数也少。节间伸长初期,是节间基部的分生组织细胞增殖与纵向伸长引起的,生产上称为拔节。节间的伸长是先从下部节间开始,顺序向上,但在同一时期,有3个节间在同时伸长,一般是基部节间伸长末期正是第2节间伸长盛期、第3节间伸长初期。基部节间伸长1~2cm时称为拔节期。伸长期后,节与节间物质不断充实,硬度增加,单位体积重量达到最大值。

水稻幼穗分化和拔节的关系与水稻品种相关,一般早稻品种先幼穗分化后拔节,称重叠生育型;中稻品种拔节和幼穗分化同时进行,称衔接生育型;晚稻品种拔节后隔一段时间再幼穗分化,称分离生育型。

4. 水稻拔节的综合观测方法

《规范》中没有明确规定水稻拔节的观测方法,造成观测标准不统一,农业气象观测人员在实际操作中惯常用手触摸水稻茎基部，通过手感觉水稻的第一个节间是否形成，以及第一个节间长度是否达标来判断水稻是否进入拔节期。由于水稻基部生长在灌水的稻田中，肉眼无法看见，手触摸方法具有较大的主观性，影响了观测的准确性。

关于水稻拔节的观测方法，江西农业气象试验站曾做过大量的探索（王尚明 等，2009）。他们在两年中，选取了多块早、晚稻田进行观测试验：每期水稻分蘖期后进入拔节观测时，在正常观测点用传统的方法，即手触摸水稻茎基部来确定水稻是否拔节（方法1）；随之在同一田块正常观测点外随机选取观测点，并将随机观测点的水稻连根拔出，剥开叶鞘，凭肉眼直接观测水稻是否形成茎节及第一个节间长度（方法2），然后计算进入拔节期株（茎）数的百分率。两种方法的观测点均为连续5穴，每一穴中选最高的2棵（茎）观测（即每个观测点观测10个茎）。拔节高度的标准为第一个节间长度：早稻为1cm，晚稻为2cm。两种方法进行对比，"触摸法"确定的拔节期偏迟2d左右。

综上所述，在实际操作中，建议大家结合前面的"边际法"，观测节间伸长情况和生长锥发育情况进行。另外，因有的拔节期来得太快，最好在分蘖末期过后，每天在田边拨查，根据"边际法"的提示，及时深入田中用"触摸法"开展测点观测。

5.拔节的高度测定

《规范》规定，禾本科作物拔节期及以前，高度观测是从土壤表面量至所测植株叶子伸直后的最高叶尖；拔节期以后，量至上部一片展开叶子的叶枕。假如水稻观测地段仍处于拔节期或拔节期之前，而被调查大田拔节期已过，建议大田高度观测仍量至所测植株叶子伸直后的最高叶尖，并加以备注。

（六）叶枕距与水稻孕穗

《规范》中对水稻孕穗的定义为剑叶全部露出叶鞘。水稻孕穗对应稻穗分化发育期的第六期叶枕平阶段（表1.2），指剑叶叶枕与倒二叶叶枕之间的距离（叶枕距）为零。随着剑叶往上伸出，由"叶枕平"阶段到叶枕距渐渐增大，剑叶和稻苞上部从倒二叶叶鞘中露出。单个穗子开始从剑叶的叶鞘（稻苞）中伸出，露出谷粒的时期，称作破口（图1.6）。

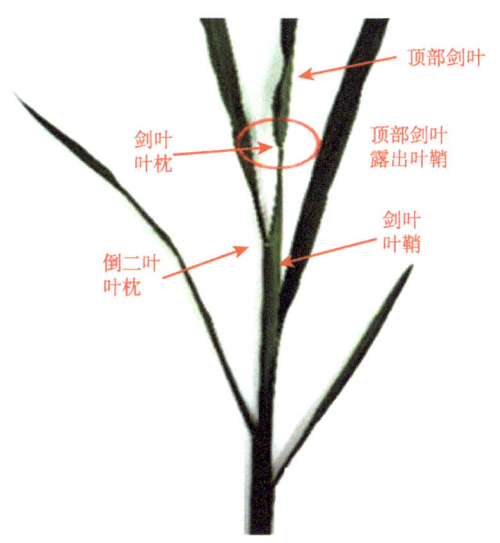

图1.6 水稻孕穗期：剑叶全部露出叶鞘

（七）水稻的花、空壳和秕谷田间调查

水稻的花排列成圆锥花序，通常称为稻穗。稻穗由多数小穗（图1.7）组成。小穗长圆形，含2枚颖片、2朵不育花和1朵能育花。颖片极端退化成两个半月形的突起；2朵不育花各仅具1枚退化外稃，其形状为锥刺形，作颖片状；能育花为两性花，由1枚外稃、1枚内稃、6枚雄蕊、1枚雌蕊和2枚浆片组成，雌蕊的柱头呈帚刷状。

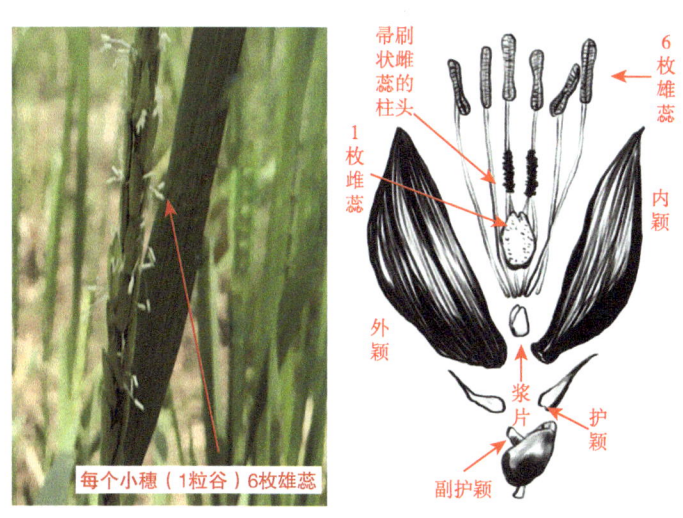

图1.7 水稻小穗结构

水稻在抽穗到乳熟期间遇到高温热害，会造成大量的空壳和秕谷。在进行高温热害田间调查时，仔细观察会发现它们之间的细微差别：有时在水稻稻壳内会有一个大头针一样的硬梗，即没有授精的雌蕊，表示水稻根本没有完成授粉过程，它们最终对应的是水稻空壳。秕谷是在水稻稻壳内包裹着有一个囊一样的东西，表示授粉过程已经完成，只是没有完全灌浆充实，它最终对应的是秕谷。作为农业气象工作者，我们可以借助它们对水稻的具体受害期进行实时的详细分析，即判断是在开花授粉期间出现的受害，还是在灌浆乳熟期间出现的受害。

（八）水稻观测中各要素内在关系与矛盾

水稻的产量结构分析中，包含穗粒数、穗结实粒数、空壳率、秕谷率、千粒重、理论产量、株成穗数、成穗率、茎秆重、籽粒与茎秆比，共10项（刘银秀 等，2019）。

水稻的产量因素观测中，包含一次枝梗数、结实粒数。

水稻的密度观测中，包含三叶株数、返青、拔节、乳熟总茎数，以及抽穗、乳熟有效茎数等。

1. 穗粒数是穗结实粒数、空壳数、秕谷数之和

因穗粒数、穗结实粒数、空壳率、秕谷率来源于同一个样本，故穗结实粒数、空壳数、秕谷数的和就是穗粒数。由此可反推如下。

穗粒数*＝穗结实粒数＋空壳率（％）×穗粒数＋秕谷率（％）×穗粒数

实际观测数据中，曾有报表出现产量结构中的穗粒数与反算穗粒数*差别较大的情况。因此，需注意扣除统计过程中的计算误差，穗粒数与穗粒数*差别一般要小于5粒。

2. 反推乳熟有效茎数（密度）

《规范》中：

理论产量＝穗结实粒数×千粒重×乳熟有效茎数／1 000

由此可反推如下：

乳熟有效茎数*＝1 000×理论产量／（穗结实粒数×千粒重）

反推的乳熟有效茎数*与实测的乳熟有效茎数差别一般小于0.5茎／m^2，如果差别较大，则表示相关产量结构分析值有误。曾出现乳熟有效茎数*和实际的

乳熟总茎数相等，说明理论产量计算不是用乳熟有效茎数，而是用乳熟总茎数。

3. 两种茎秆比差别

《规范》中：

籽粒与茎秆比＝样本总籽粒重／样本总茎秆干重

茎秆重＝样本总茎秆重×乳熟总茎数／样本总茎数

由此可反推如下：

理论产量与茎秆比＝理论产量／茎秆重

"理论产量与茎秆比"公式中，"茎秆重""理论产量"分别表示每平方米茎秆、籽粒的重量，且"茎秆重"直接来源于样本总茎秆重。一般情况下，"籽粒与茎秆比"和"理论产量与茎秆比"二者的差别在50%以内，否则相关要素涉及项目中存在数据大小不合理的问题。

4. 乳熟有效茎数和总茎数明显偏大

一般情况下，稻类、麦类密度测定在观测地段4个区内各选有代表性的一个点，共4个点进行测定。为提高产量结构分析的精确性，稻类、麦类乳熟期密度测定时，每个区增加1个点，共8个点。

当乳熟有效茎数和总茎数明显偏大甚至翻番时（如水稻乳熟期密度大于600茎／m^2时），就要考虑计算密度求平均值时，不是以8而是以4作除数。

5. 株成穗数、成穗率计算错误

采用乳熟期测定的有效茎数和返青期测定茎数（作为基本苗），求出单株成穗数；有效茎数和拔节期测定的总茎数（作为最高茎数），求算成穗率。由《规范》中：

株成穗数＝乳熟有效茎数／返青密度

成穗率＝乳熟有效茎数／拔节密度×100%

实际工作中，会出现用错密度的现象，应该用上面公式进行复算。

6. 乳熟结实粒数和产量结构穗结实粒数关系

根据产量因素的意义，水稻乳熟结实粒数与产量结构穗结实粒数应该大小相当。一般产量因素测定时，取样会偏重于长势好的植株，造成产量因素较高。如果乳熟结实粒数高于产量结构穗结实粒数50%以上时，产量因素的观测就失去了意义。

第二节 水稻相关知识拓展

一、杂交水稻

水稻是自花授粉植物,可以通过杂交方式改变其米质和产量。

杂交水稻指选用两个在遗传上有一定差异,同时它们的优良性状又能互补的水稻品种进行杂交,生产具有杂种优势的第一代杂交种。由于亲本遗传性的差异,一方面,可使亲本的不同特性,在杂种体内得到相互补充;另一方面,可使杂种体内产生一定的矛盾,从而表现出较优良的性状和较强的生活力。在一定范围内,亲本差异越大,而又能互相取长补短,则杂种的生活力也就越强,性状也就越优。

(一)杂交水稻优势

进行杂交水稻研究是为了解决世界上人口增加与粮食不足的矛盾。杂交水稻优势一般表现为:一是根系强大,吸收能力强;二是长势旺盛,分蘖力强;三是穗大粒多,千粒重高;四是适应性广,抗逆性强;五是出米率高,米质较好。

水稻自花授粉,其雌蕊、雄蕊着生在同一朵颖花里,由于颖花很小,而且每朵花只结一粒种子,因此很难用人工去雄杂交的方法来生产大量的第一代杂交种子,所以长期以来水稻的杂种优势未能得到应用。

(二)水稻的"三系"

1. 水稻"三系"的定义

水稻的"三系"是指雄性不育系,雄性不育保持系,雄性不育恢复系。

不育系外表上与普通水稻一样,雌蕊正常,具有受精能力,但雄蕊发育不正常,自交不能结实,这样的品系称为雄性不育系。

由于不育系不能自交结实,所以就要一种特定的品种的花粉授给不育系,使不育系能结实。这种结实的种子种下去,仍然是自交不能结实的。这种专为不育系授粉并能保持不育特性的特定品种,称为雄性不育保持系。

一个正常品种与雄性不育系杂交,其后代使雄性不育恢复可育性,这个使雄性不育恢复可育性的品种，称为雄性不育恢复系。

2. 水稻"三系"之间的关系

不育系与保持系杂交得到不育系的种子，少部分用于继续繁殖，大部分用于配制杂交种子；不育系与恢复系杂交获得的杂种用于大田生产。保持系和恢复系自交结实用来再制作保持系和恢复系（图1.8）。

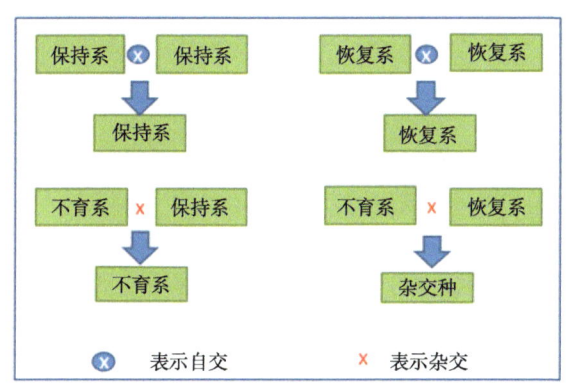

图1.8 三系法杂交水稻系统

二、水稻的两段育秧与旱育秧

在湖北省最近多年的观测资料中，有站点的一季稻观测田块采用了两段育秧的种植方法。旱育秧方法在湖北农村地区也有应用。

（一）两段育秧、旱育秧的定义

两段育秧指从播种育秧到移栽大田，要经过两次育秧。即将培育好的秧苗（秧龄一般20d左右）全部拔插到寄秧田里进行第二段培育（一般25~30d），然后从寄秧田移栽到大田。

旱育秧指在水稻小苗阶段，以旱地作秧田。其优点是可保持土壤湿润通气，根系发育好，利于培育壮秧。

（二）两段育秧的意义

两段育秧从播种到移栽大田，历时比一段育秧长，第一段育秧苗床田块（北方在温室）小，便于管理；随着秧苗的发育，生长空间拥挤，若移栽大田条件不适合（是否有空田、气候条件是否允许等），需要寄插到第二段育秧田块。如杂交晚稻在6月18日播种育秧，7月5日前后寄插，既提高了复种指数，又增加了产量。再如旱水结合的两段育秧，第一段采取旱育秧，第二段采取水育秧，即将第一段秧苗从旱地苗床拔插到水田苗床。

（三）两段育秧的观测记载

两段育秧的观测，需要在纪要栏记载第一段育秧的播种、移栽期，在田间工作记载栏记录具体的育苗操作细节。

三、水稻的一种两收——再生稻

（一）再生稻的定义

再生稻种植为水稻通过一次播种（移栽），收获两茬稻子的种植方式。两茬中的第一茬称为头季稻，第二茬称为（再生季稻或后季稻）再生稻。

（二）再生稻种植的意义

再生稻是利用水稻的再生能力，通过耕作栽培措施，使收割后稻桩上存活的休眠芽迅速萌发成苗，进而抽穗成熟的稻作类型（蓝天琼 等，2011）。再生稻的后季稻米质更优，栽培再生稻省种、省工、省肥、省秧田，经济高效，对农民增产增收具有积极的作用。

近年来，湖北省水稻一种两收面积迅速扩大：2020年共计200多万亩[①]，主要分布在赤壁、洪湖、仙桃、石首、江陵等长江沿（近）岸县市。另据农民日报报道，湖北省2020年近98%的水稻田块均实现了机械收获。

（三）再生稻的观测记载

再生稻头季稻、后季稻观测采用两套簿表，保持两者的连续性。

再生稻观测是由头季稻、后季再生稻两季组成，相当于两个作物的观测（类似于双季早稻、双季晚稻），观测中生成两套观测簿和观测报表，但是要注意两者的有机衔接。

1. 地段与测点选择

同一年内，头季稻、后季稻两季的观测地段、调查田块完全一致，机收田

---

① 1亩≈667m^2，1hm^2=15亩，全书同。

块以未受收割机碾压、正常生长的稻行作为测点的选择对象。

2. 再生稻再生季生育期观测

再生稻再生季观测期为头季稻收割期、再生苗萌发期、孕穗期、抽穗期、乳熟期、成熟期。

再生苗萌发期的基本苗以头季稻稻桩为基本苗,当再生苗萌发达到50%时,即为再生苗萌发期。其后发育期均以萌发的再生苗及其分蘖苗作为基本苗。

3. 高度观测方法

在每个生育期测点5穴中,每穴任选2茎进行观测。

(1)稻桩高度。头季稻收割后对稻桩高度进行测定,测定时间为头季收割后5d内。

(2)再生苗高度与再生苗长度。观测时间为再生苗萌发期。再生苗高度为再生苗最高叶尖距地高度,再生苗长度为再生苗最高叶尖距主茎萌发点的长度。

4. 密度观测注意事项

按照撒播作物的密度测定结果订正方法,在再生季稻第一次密度测定时,在地段观测点附近,各量出2畦(垄)以上的长度和宽度,求出总面积及相应的正常生长面积(扣除稻桩被碾压死亡面积),4个点取平均值,计算订正系数,保留1位小数。

$$订正系数 = \frac{正常生长面积}{总面积}$$

测定记录记入密度测定记录页内。

对于规则的长方形田块,正常生长面积与总面积的比,就是正常生长宽度与总宽度的比。

$$长方形田块订正系数 = \frac{正常生长宽度}{总宽度}$$

$$订正后1m^2的株(茎)数 = 订正系数 \times 1m^2株(茎)数$$

5. 生长量的观测连续

头季稻收割前20d开始的生长状况,对再生季稻的生长影响很大,需要重视头季稻乳熟、成熟期的生长量特别是叶面积观测。

6. 田间管理、灾情等需提早、连续记载

（1）水肥管理记载。头季稻收割前20d开始的水、肥管理，对再生季稻的生长、产量影响很大，要严格详细记载。从头季稻齐穗期开始，进行农事活动记载，包括施肥种类、施肥量、施肥日期、晒田日期、复水日期与水深等。为了更全面地反映管水情况，降水时间及降水量也需加以备注。

（2）机械化收割田块记载。注意记载收割机履带（或车轮）宽度，备注履带（或车轮）对稻桩的碾压死亡情况。

（3）病虫发生与防治情况记载。记载病虫发生种类和时期、用药名称、施药剂量、施药日期及防治效果。

（4）灾害性天气记载。记载低温发生时期、干旱发生时期。寒露风出现日期及影响程度是重点。

四、水稻分类

水稻按生育期和对温、光反应特性，分为早稻、中稻和晚稻；按亲缘关系、形态、生理特性，分为籼稻和粳稻；按米粒黏性，分为黏（非糯）稻和糯稻（杨文钰 等，2011）[11]。

（一）籼稻、粳稻

栽培稻是由野生稻进化而来的。粳稻的来源有2种说法：①粳稻是由籼稻进化而来。野生稻都分布在温度和湿度较高的地区，具有喜暖不耐寒特性，最先被驯化的自然是继承野生稻部分特性的籼稻。栽培稻在向温度较低地区推进的过程中，那些耐寒的、适应昼夜温差大的、生育期短的植株（基因）获得发展的机会，便产生出粳型水稻，开始出现了籼粳共存的地带，后来经过更低温度地域的驯化，便发展成生育期较短和耐寒的粳稻。②粳稻独立起源于中国的长江中下游地区。

籼稻和粳稻在特征上存在明显的差别。籼稻的米粒黏性较弱（胚乳淀粉中直链淀粉含量高，为20%～30%），米饭胀性较大，谷粒狭长，颖毛短稀，叶色较淡，叶毛较多，叶片弯长，并具耐湿、耐热、耐强光、易脱粒及对稻瘟病抗性较强等特性。粳稻米粒黏性较强（直链淀粉含量一般在20%以下），米饭胀性较小，谷粒短圆，颖毛长密，叶色较浓，叶面较光滑，叶片较短直，并具耐寒、耐弱光、不易脱粒及对稻瘟病抗性较弱等特性。

（二）黏稻、糯稻

黏稻和糯稻的区别主要在于胚乳淀粉性质的不同。黏稻胚乳淀粉中直链淀粉含量为15%～30%，其余为支链淀粉；糯稻胚乳几乎全部为支链淀粉。黏米糊化度高，胀性大；糯米糊化度低，胀性小。

野生稻都是黏稻，所以黏稻是基本型；糯稻是由于淀粉性变异，并经人工选择培育而演变形成的变异型。

（三）米饭黏性的强弱排序

米饭黏性由强到弱排序：粳糯＞籼糯＞粳黏＞籼黏。

在《规范》"主要作物品种类型、熟性和栽培方式"表中，将"籼稻、粳稻、糯稻"作为观测簿表填写时的三选一的内容。这与上述分类不矛盾，糯稻胚乳几乎全部为支链淀粉、籼稻的70%～80%为支链淀粉，粳稻支链淀粉含量占比处于两者之间。三种稻除支（直）链淀粉含量等差异比较大外，稻米的粒形、胚乳透明度、用途、产地、口感等也有差别。糯稻呈全乳白色，不透明，黏性强，常被用于制作米酒、汤圆。籼稻、粳稻略透明，有光泽。粳稻呈椭圆形，粒长较籼稻短，米饭较紧实偏软，口感爽滑，黏性较强，我国东北地区粳稻米较多；籼稻米粒较细长，不如粳稻圆润，米饭松散而偏硬，黏性较弱，南方大米大多为籼稻米。

五、水稻大田田间管水

水稻是沼泽作物，在系统的发育过程中形成了水田生长的特性，对土壤水分的要求比旱作物要高；若水分供应不足，生理机能会发生障碍而生育不良，严重缺水时还可造成稻株死亡。

稻田的水层可以使土壤肥力缓慢分解，养分均匀扩散，利于稻根伸展。水具有较高的比热、汽化热和较高热传导度，可以调节田间的水温、泥温、湿度。稻田水层还可以抑制杂草的生长。

（一）早中稻田间管水

关于水稻大田田间管水，农谚有："插秧之后养苗水，活蔸之后放干水，分蘖期间一皮水，够苗之后晒干水，打苞扬花淹蔸水，低头散籽跑马水"。早稻插秧后，常会遇到早春低温，需要深水保温；返青后抓紧晴天紧泥；分蘖半寸水，协调水、肥、气、热关系，促分蘖；有效分蘖终止期晒田控无效分蘖；从拔节孕穗到抽穗灌浆期，需要较为充足的水分供应；乳熟以后采取田间时干时湿的"跑马水"。

中稻管水方法基本同上。

（二）晚稻田间管水

晚稻移栽后，深水护秧（水深2寸[①]）；返青后及时放水紧泥，利于根系发育，促进分蘖；幼穗分化期叶面积增大，蒸发蒸腾作用增加，缺水可能致颖花退化，空壳率增加。幼穗分化期至齐穗期，田间不能断水，保持1寸左右水层，如遇高温热害或低温冷害灌深水（水深2寸），以降低或提高田间空气温度和土壤温度。

开花灌浆期，开花结实需水量较大，根部需氧增加，为解决这一对矛盾，采取干干湿湿的间隙管水法。根据土壤保水能力，3～5d灌一次水，既保持了土壤湿润，又增加了土壤透气。开花遭遇3d及以上23℃以下低温时，灌深水（水深2寸），以达到安全开花、授粉受精，提高结实率。切忌断水过早，使根部早衰，稻子提早落黄。

晚稻在幼穗分化期至齐穗期，遇高温热害或低温冷害灌深水的田间管水方法，适用于所有品种类型、播种期的水稻。

第三节 水稻的病虫害

水稻的病虫害主要包括白叶枯病、纹枯病、稻瘟病、稻曲病；稻纵卷叶螟、螟虫、稻蓟马等。

一、水稻白叶枯病

水稻白叶枯病，俗称为地火烧、茅草瘟和白叶瘟。最早发生于日本，由于稻种的传播致使该病在亚洲各大稻区均有发生，其中以日本、中国、印度等地较为严重。20世纪50年代，此病在我国仅局限于长江以南的10多个省份发生。

[①] 1寸≈3.33cm，全书同。

20世纪60年代以后,随着多肥、密植高产栽培和矮秆品种的推广,病区种子的调运和输出,此病的发生为害日益严重,并很快扩展蔓延。目前,该病在全国各稻区均有发生,尤其在南方沿海稻区发生较为频繁。20世纪80年代以前常暴发成灾。随着研究的深入,白叶枯病抗性基因不断引入水稻品种,加之抗生素的大量使用,白叶枯病逐年减轻,甚至某些地区未见发生。近年来,生态环境的改善及水稻种子的南繁北调,白叶枯病呈逐年加重的趋势。该病的流行可使水稻减产10%~30%,严重时可减产50%(王剑 等,2020)。

白叶枯病在水稻全生育期均可发生,主要为害叶片,叶鞘和主茎也可发病。由于环境条件、品种抗性和侵染部位的不同,其症状类型也不同,以孕穗期发病最重。此病主要引起叶片干枯、不实率增加、米质松脆、千粒重降低,发生凋萎型的稻田,还可出现死丛,损失更为严重。水稻白叶枯病的症状大致分为5种类型:一是叶枯型,也称普遍型或者典型型。病菌多从水孔侵入,病斑多自叶尖或叶缘开始,由初始的暗绿色水渍状变为黄褐斑,最后转变为灰白色斑,湿度大时病部可见蜜黄色珠状菌脓。二是急性型。症状主要发生在感病品种、环境条件适宜和多肥栽培条件下,病斑呈暗绿色,因迅速失水而成青枯状,上部叶片多见。三是凋萎型,又称枯心型。症状常见于一些高感品种,一般发生于水稻新叶,表现为失水、青枯、卷曲、凋萎,稻田出现大量死丛,病部溢出大量菌脓。四是黄叶型。多发生于成株新叶上,呈淡黄色至青黄色或黄绿色条斑,无菌脓,仅节间存在大量细菌,病株生长不良,严重影响产量。五是中脉型。病菌从叶片中脉伤口侵入后,病叶从中脉开始变黄并向四周扩展,长条状,病斑淡黄色,有时纵折,用手指挤压病叶中脉横断面,可见黄色菌脓(图1.9)。

图1.9 水稻白叶枯病

白叶枯病最适宜流行的温度为26℃，20℃以下或33℃以上病害停止发生发展。雨水多、湿度大，特别是台风暴雨造成稻叶大量伤口，并给病菌扩散提供极为有利的条件；秧苗淹水；本田深水灌溉、串灌、漫灌，施用过量氮肥等均有利发病；品种抗性有显著差异，大面积种植感病品种，有利于病害流行。

研究表明，6月、7月强降水是江汉平原水稻白叶枯病偏重发生的一个重要原因，30℃以上高温抑制白叶枯病发生。较强的降水配合较大的风速可使水稻叶片受损，为病菌侵染、繁殖创造条件。另外，上年菌源基数大有利于次年病害的发生发展。

二、水稻纹枯病

水稻纹枯病主要为害叶鞘，也为害叶片、茎秆和稻穗。叶鞘发病时，首先在近水面处产生暗绿色水渍状小斑点，逐渐扩大成椭圆形，并相互汇合成云纹状大斑（图1.10）。病斑边缘明显褐色，中间褪为淡绿色或淡褐色，最后变成灰白色，天气干燥时会引起倒伏甚至使植株腐烂枯死（李涛 等，2010）。水稻纹枯病主要破坏输导组织使水稻不能正常抽穗，病斑蔓延至穗部，影响谷粒灌浆，形成大量瘪谷并出现白穗。主要在分蘖至抽穗期发生，可使谷粒厚度、宽度减小，成熟度降低，千粒重下降，黏度、味度值降低，从而导致水稻的产量和品质下降。一般发病可减产5%～10%，严重时减产30%～50%。

图1.10　水稻纹枯病

水稻纹枯病是一种真菌性的病害。病菌主要以菌核的形式在土壤中越冬，也能以菌丝体在病残体或田间杂草等寄主上越冬。翌年春天春灌时菌核漂浮于水面与其他杂物混在一起。插秧后菌核粘附于稻株近水面的叶鞘上，条件适宜时生出菌丝侵入叶鞘组织进行为害，逐渐形成病斑并长出气生菌丝又侵染邻近植株。水稻拔节期病情开始加重，病害横向、纵向扩展。抽穗前以叶鞘为害为主，抽穗后向叶片、穗颈部扩展。田间越冬菌核残留量越多，发病则越重。一般老稻区发病重，新稻区发病轻。水稻纹枯病适宜在高温、高湿条件下发生和流行。生长前期雨日多、湿度大、气温偏低，则病情扩展缓慢；中后期湿度大、气温高，病情则迅速扩展；后期高温、干燥抑制了病情。气温20℃以上，相对湿度大于90%，纹枯病开始发生；气温在28~32℃，遇连续降雨病害发展迅速；气温降至20℃以下，田间相对湿度小于85%，发病迟缓或停止发病。另外，插秧密度大、长期过深灌水、过迟或过量单一施用氮肥，缺少磷、钾、锌肥则会使水稻的抗病性降低，有利于病害的发生。

一般情况下，分蘖—灌浆期纹枯病发生程度与雨日、雨量正相关。据湖北荆州农业气象试验站研究，6月的降水量与纹枯病发病呈正相关，6月的降水量越大，越有利于病菌的滋生蔓延，加快纹枯病的侵染循环；而纹枯病发病与6月中旬连晴日数、7月蒸发量呈负相关，6月中旬连晴日数越长、7月蒸发量越大，对纹枯病抑制效果越明显。

三、水稻稻瘟病

稻瘟病在水稻整个生育期中都可发生，为害秧苗、叶片、穗颈、谷粒、节等部位，按为害部位分别称为苗瘟、叶瘟、节瘟、穗颈瘟和谷粒瘟。

苗瘟发生于水稻幼苗期，一般在三叶期以前，主要为害幼苗基部，芽鞘常见水渍状斑点；严重时出现灰黑色病斑，最终病苗卷缩枯死。在采用塑料覆膜育秧时，在空气潮湿条件下，病苗极易产生大量的灰色霉层，若苗瘟严重可导致成片秧苗枯死（唐立志，2020）。

叶瘟多发生于水稻三叶期后，在分蘖至拔节期，是叶瘟的高发期。病菌侵染叶片后，叶片上出现褐色斑点；严重时，病斑在叶片密布，叶片出现枯焦症状，植株萎缩，根部腐烂。依照病斑的色泽、形状与大小，叶瘟病可分为急性病与慢性病。急性叶瘟病，病斑为暗绿色水渍状，斑点大多为圆形或两端稍尖的椭圆形（图1.11），之后变为梭形，当斑点密布在叶片，会产生灰色霉层。该种病斑多在高湿、适温、稻株嫩弱时出现，是叶瘟病的流行预兆。慢性叶瘟病是一种典型病症，病斑为菱形或者梭形，斑点中央灰白、边缘黄褐色，病部霉层大多为灰绿色，形成孢子量少于急性病。当天气潮湿时，病斑上出现灰色霉层，且多在老稻叶上分布。

节瘟病大多在稻株的茎节上发生。在病害初期，稻株节上出现褐色斑点，之后呈环状分布，直到扩大至全节，为黑褐色斑点。天气潮湿时，病斑上会生出绿色霉层，后期病节会出现凹陷、干缩等症状，影响水分与养分运输，导致稻穗早枯，无法正常灌浆成熟，水稻颗粒不饱满。

穗颈瘟发生在穗颈和枝梗上，病斑呈暗黑褐色，穗颈部受害，一般不结实或秕谷多，严重时造成枯白穗（赵越楠 等，2015）。

谷粒瘟发生在谷粒，病斑呈褐色不规则形，稻谷变黑。

图1.11　稻瘟病

四、水稻稻曲病

水稻稻曲病是由稻曲病菌引起的一种穗部真菌病害。该病在世界各水稻种植区均有不同程度的发生，不仅对水稻产量造成损失，而且可产生有害毒素，威胁人畜健康。病原主要以菌核在土壤中越冬，翌年萌发形成孢子座，孢子座产生子囊壳，其内产生大量子囊孢子和分生孢子（黄成亮，2021）。子囊孢子在稻曲病病菌有性生殖阶段由菌核萌发产生，在适宜条件下对水稻进行侵染；也可以厚垣孢子附着在谷粒内及颖壳上越冬，条件适宜时萌发形成分生孢子，孢子借助气流传播散落，在水稻破口期侵害幼穗，造成谷粒发病，花粉母细胞充实期前后是侵染的重要时期。该病发生于穗部,只为害谷粒,每穗病粒几粒到几十粒不等,直接影响稻谷品质。病菌侵入颖壳后形成菌丝块,外观表现为谷粒上着生黄绿色突起,吸收水稻颖壳内的营养,快速生长膨大形成稻曲球,体积可达健粒的数倍。稻曲球裂开后,露出墨绿色且略带黏性的粉末(图1.12),可随空气传播,于水稻开花期侵染花器和幼颖。

图1.12　稻曲病

水稻幼穗形成至成熟期,如遇相对低温、阴雨、寡照的气候条件时,田间发病往往较重(曹奎荣 等,2021)。2019—2020年,对浙江嘉兴栽培面积较大的22个水稻品种的稻曲病发病率进行了调查,分析了供试品种破口时间及该期间气象条件对稻曲病发病率的影响。结果表明,供试水稻品种发病率和发病程度存在差异,不同品种水稻发病率主要与破口期气象条件有关,在水稻破口期恰遇连续阴雨、相对低温时,发病率和发病程度明显加重,反之则发病较轻。

五、稻纵卷叶螟

稻纵卷叶螟是一种远距离迁飞性害虫,在北纬30°以北稻区不能越冬,故北方稻区初次虫源均自南方迁来(庞战士,2018)。

以幼虫缀丝纵卷水稻叶片成虫苞,幼虫匿居其中取食叶肉(图1.13),仅留表皮,形成白色条斑,致水稻千粒重降低,秕粒增加,造成减产。

在湖北省一年发生4~5代,一般年份第3代、第4代为主害代,鄂东南、鄂西南、江汉平原南部相对发生较重。气温22~28℃、相对湿度80%以上,卵孵化率可达80%~90%（河南省植保植检站，2015）。1龄幼虫在分蘖期爬入心叶或嫩叶鞘内侧啃食；在孕穗抽穗期，则爬至老虫苞或嫩叶鞘内侧啃食；2龄幼虫可将叶尖卷成小虫苞，然后叶丝纵卷稻叶形成新的虫苞，幼虫潜藏虫苞内啃食。幼虫脱皮前，常转移至新叶重新做苞。第4、5龄幼虫食量占总取食量的95%左右，为害最大。老熟幼虫在稻丛基部的黄叶或无效分蘖的嫩叶苞中化蛹，有的在稻丛间，少数在老虫苞中。该虫有趋嫩性、趋绿性，稻株嫩绿、湿度大的稻田受害重。在多雨及多露水的高湿天气，有利于成虫产卵、孵化和幼虫成活，稻纵卷叶螟发生较重。多施氮肥、迟施氮肥的稻田发生量大，为害重。水稻叶片窄、生长挺立（田间通风透光好）、叶面多毛的品种不利于稻纵卷叶螟发生；水稻叶片宽、生长披垂（田间通风透光差）、叶面少毛的品种有利于稻纵卷叶螟发生。若遇冬季气温偏高，其越冬地界北移，翌年发生早；夏季多台风，则随气流迁飞机会增多，发生会加重。

图1.13　稻纵卷叶螟

六、水稻螟虫

水稻螟虫，俗称钻心虫。在我国稻区普遍发生，主要种类有二化螟、大螟和三化螟；其中二化螟种群数量大、发生重，对水稻生产的威胁最大（庞战士，2018）。

二化螟是多食性害虫，除为害水稻外，还为害玉米、小麦、甘蔗、高粱、蚕豆、油菜、茭白、稗草等植物。二化螟幼虫一般6龄（图1.14），老熟幼虫体长20~30mm。初孵化时（蚁螟）身体淡褐色，头淡黄色。2龄以上幼虫背面有5条棕色的纵线条。在我国南方稻区发生4~5代，湖北每年发生3代、东南部少数地区发生4代；由于湖北早稻面积小，越冬虫量大，易造成集中为害，常年以第1代为害最重。早栽中稻、生长旺盛的早稻田块受害较重。

图1.14　水稻螟虫二化螟蛹与低龄幼虫

大螟可为害多种农作物，是一种杂食性的害虫。一般5~7龄，3龄前幼虫鲜黄色；末龄幼虫体长约30mm，老熟时头部红褐色，背面紫红色。初孵化幼虫，几十条群集在叶鞘内咬食为害，1~2d后被害叶鞘外出现白色透明的小斑点，然后变枯，成为枯鞘，2龄幼虫开始分散转株为害，每头幼虫可转株3~5次；每个卵块孵出的幼虫，一般可造成35~45株枯心苗，在孕穗、抽穗期，可造成10~20根白穗、枯孕穗或虫伤株。螟虫为害较重时，成片的枯心苗，在绿色的稻田里，像一个个"池塘"，俗称为"枯心塘"（图1.15）。

图1.15　螟虫引起的"枯心塘"

三化螟幼虫刚从卵孵化出来时，身体为乌黑色，长1.2~3.0mm，称为1龄幼虫。幼虫生长时期，通过蜕皮伸长身体，每蜕一次皮增加1龄。经过4次蜕皮，即成为5龄的老熟幼虫，此时身体不再伸长，停止吃食，准备化蛹，这种幼虫称为预蛹。经过1~3d，变成蛹。三化螟为害水稻在幼虫阶段，其卵在气温20℃的条件下，经过14~18d便孵化为幼虫，25℃时只需9~11d。从1块卵块里孵化出来的蚁螟，四面分散，爬到水稻叶尖上吐丝下垂，随风飘到附近稻株上，经过40~50min蚁螟咬钻蛀孔进入稻秆内，先在叶鞘和茎节间咬出1个环状切口，把大部分维管束咬断，形成"断环"。幼虫较长时间留在"断环"上方继续为害，咬食叶鞘幼嫩白色组织、穗苞内的花粉、柱头或稻秆内壁，基本上不吃有叶绿素的部分。由于受害稻株的水分、养分不能顺利流通，几天内秧苗就表现枯心，孕穗期就表现为枯孕穗、虫伤株和白穗等受害症状。

七、稻蓟马

稻蓟马，成虫体长1.0~1.3mm，黑褐色，头近似方形，触角8节；翅淡褐色、羽毛状，腹末雌虫锥形，雄虫较圆钝；卵肾状形，长约0.26mm，黄白色（河南省植保植检站，2015）[188]。若虫共4龄，4龄若虫又称蛹，长0.8~1.3mm，淡黄色，触角折向头与胸部背面（图1.16）。

图1.16　稻筒管蓟马与稻直鬃蓟马成虫背面

成虫、若虫以口器锉破叶面，成为细黄白色斑，叶尖两边向内卷折，渐及全叶卷缩枯黄，分蘖初期受害重的稻田，苗不长、根不发、无分蘖，甚至成团枯死。晚稻秧田受害更为严重，常成片枯死，状如火烧。穗期成、若虫趋向穗苞，扬花时，转入颖壳内，为害子房，造成空瘪粒。晚稻秧田受害严重时状如火烧，掌拂过一片秧苗后，手掌可粘上大量虫体。

八、稻飞虱

飞虱在分类地位上属于同翅目、蝉亚目、蜡蝉总科、飞虱科，为不完全变态昆虫，一生要经历卵、若虫和成虫3个虫态。常见种类有褐飞虱、白背飞虱和灰飞虱（图1.17）。白背飞虱和褐飞虱均属于飞虱科昆虫，个体小，能跳跃，后足胫节末端有一显著的能够活动的距，触角短、锥状，翅透明，有长翅型和短翅型两个类型，短翅型腹部肥大，翅较短，前翅端不超过腹部，均有翅斑。

褐飞虱在中国北方各稻区均有分布，长江流域以南各省（自治区）发生较烈。白背飞虱分布范围大体相同，以长江流域发生较多。稻飞虱长翅型成虫均能长距离迁飞。从南向北迁飞；在秋季又从北向南回迁。褐飞虱的迁飞属高空被动流迁类型，在迁飞过程中，遇天气影响，会在较大范围内同期发生"突增"或"突减"现象（孙思思，2018）。

稻飞虱的成虫、若虫主要群聚在水稻下、中部的叶鞘和茎秆上为害，具有很强的隐蔽性。刚发生时很容易使人疏忽，等到人们发现稻株萎黄时已经造成不可挽回的损失（陈晓娟，2012）。

图1.17 水稻飞虱

稻飞虱对水稻的为害，除直接刺吸汁液，使生长受阻外，严重时稻丛成团枯萎，甚至全田死秆倒伏；产卵也会刺伤植株，破坏输导组织，妨碍营养物质运输并传播病毒病。

九、稻飞虱为害案例

2006年，长江流域出现了历史上从未有过的稻飞虱大流行。

据湖北省荆州市植物保护站与所属各县（市）植物保护站调查，当年飞虱迁入较早，且后期迁入虫次多，8月中下旬第4代飞虱，中稻许多田块百蔸虫量达数万头，最严重的田块甚至高达10万头以上。中稻收获后，飞虱又转移到晚稻为害，第5代飞虱，晚稻百蔸虫量大都在2 000～3 000头以上，最高达20 000头。

（1）第1代飞虱迁入偏早，存活艰难。早在5月1日，监利县灯下即见褐飞虱，5月15日又见白背飞虱，分别比上年迟3d、10d，但比常年偏早。

（2）第2代迁入虫峰不违故径，数量可观。6月12—13日，5 500m上空，盛行平直西风气流；3 000m、1 500m上空，云南、贵州、广西、湖南有一支较强的8～16m/s、8～12m/s的西南或偏南气流。13—14日，受5 500m低槽和中低层切变线影响，湖北荆州市自西北向东南出现一次中等强度的降水过程，受下沉气流影响，促进一次迁入虫峰。最早见于6月14日松滋市早稻田，其稻飞虱百蔸虫量为267头，中稻田8头，均为白背飞虱。6月14—15日，监利县灯下诱集稻飞虱258头，其中褐飞虱210头，白背飞虱48头。接着6月15日石首东升镇见早稻田百蔸虫量平均为420.7头，其中白背飞虱占97.5%，褐飞虱占2.5%。洪湖市6月19日调查，早稻田百蔸虫量100～200头，全是白背飞虱。6月20日荆州市植物保护站调查，早稻田百蔸虫量平均为169头，是上年的2.7倍。

（3）第3代迁入极大且反常——"格美"所为。7月14日受4号强热带风暴"碧利斯"影响，1 500m上空，自7月15—20日，由东向西：福州、广州→赣州、南昌→武汉、长沙，先后有12～22m/s的强劲西南或偏南气流，将虫源的飞虱向北输送，后在湖北宜昌上空10m/s的西北气流阻滞下，荆州市15—18日出现一次大雨过程，使大量飞虱迫降迁入。据7月21日调查，稻田百蔸虫量达1 684.3头，其中白背飞虱1 658.3头，褐飞虱26头。

在7月25日，受台风"格美"在福建晋江登陆西进影响，1 500m上空，自7月26—31日由东向西：福州→赣州、南昌→武汉、长沙，先后有10～20m/s

的强劲南到东南气流，飞虱随气流迁飞，在8月1日湖北宜昌、恩施上空西北气流阻滞下，荆州出现中雨，飞虱下沉迁入，其数量惊人。据8月2日监利县灯下诱集达30 090头，其中白背飞虱达30 000头，成为第3代迁入顶峰。

（4）第4代飞虱迁入虫峰，又创记录。受超强台风"桑美"的影响，1 500m上空，自8月11—12日由南向北：广州、赣州、南昌、长沙先后有10～12m/s的东南或西南气流，加之北纬31°以北的江苏、安徽、河南等地稻区，为一致的东北气流，而宜昌上空为西北风，受台风减弱的低压倒槽影响，荆州市西部出现大雨，从东北方有极大量的飞虱回迁，8月21日监利灯下诱集飞虱达63 890头，又创历史新高。这一方面增加了虫量；另一方面加大了第五代飞虱虫口基数，出现了老迁繁殖与新迁加入的"堆积"现象。据荆州市植物保护站调查，8月中旬晚稻田百蔸虫量已达470～980头，与中稻交界的晚稻田达3 800头，荆州区百蔸虫量达1 200头，少数田块达5 000头。

总之，欧亚稳定的梅雨形势是稻飞虱大量迁入的充要条件，虫源地区27℃以上的温度，强大的西南或偏南气流以及汉水、长江间的江淮切变线，分别为起飞、输送、降落的主要气象条件和天气系统；据荆州市历史资料分析，第4代稻飞虱的严重程度与7月中旬至8月上旬34.5℃以上的高温日数呈负相关，第5代稻飞虱的严重程度与秋害（日平均气温连续3d低于20℃的日期）早迟有关，若秋害在9月20日前不会大发生，9月20日后为害较重。

第四节 水稻的农业气象灾害

一、高温热害

（一）高温热害指标

水稻高温热害一般是指在水稻孕穗至抽穗扬花期，气温超过水稻正常生育温度上限，影响正常开花结实，造成空秕粒率上升而减产，甚至绝收。水稻抽穗前后，对温度最敏感，此阶段最适宜温度为25～30℃，当日平均温度30℃或最高气温35℃以上，对开花结实会产生明显伤害。生产中通常以连续3d最高气温≥35℃或平均气温≥30℃为抽穗扬花期高温热害指标。

（二）高温热害对水稻的危害

长江中下游地区双季早稻一般于6月下旬至7月初抽穗开花，7月是灌浆成熟期；中稻于7月下旬至8月上旬抽穗开花。这个时期正值副热带高压控制，气温高，多伏旱，对水稻开花、灌浆极为不利。孕穗期如遇高温热害，水稻花器发育不全，花粉发育不良，活力下降；抽穗扬花期遇高温热害，花粉管尖端大量破裂，影响授粉，导致不能受精而形成空壳。高温热害对水稻的危害还有以下特征。

（1）相同程度的高温热害，对杂交稻的危害明显高于常规稻。

（2）水稻遭受高温热害，温度越高，伤害越重，并随着高温强度和持续时间的加大和延长，水稻空秕率增加。

（3）水稻灌浆结实期遇到高温，会使籽粒内磷酸化酶和淀粉酶的活性减弱，灌浆速度降低，影响到干物质的积累。另外，高温还增加了植株的呼吸强度，使叶温升高，整个植株体代谢也表现失调，所以灌浆期的高温最终表现为"逼熟"现象。

（三）高温热害发生的规律

根据郭建茂等（2019）的分析，1961—2017年，湖北省早稻、中稻抽穗开花期高温热害日数年际变化波动较大，但整体上呈现上升的趋势；湖北省早稻抽穗开花期高温热害日数最多的年份为2005年，16个站点受高温热害的总日数达121d，平均每站高温热害日数为7.6d，其次是1961年；湖北省中稻抽穗开花期高温热害日数最多的年份为2013年，16个站点受高温热害的总日数达158d，平均每站高温热害日数为9.9d，其次为2016年。湖北省57年中有37年早稻抽穗开花期遭遇了高温热害，占比为64.9%；中稻抽穗开花期高温热害除了1980年、1982年、1993年未发生外，其他年份均有发生。从空间分布来看，湖北省早稻抽穗开花期高温热害的日数空间分布呈现出从鄂东南向四周逐渐减小的趋势，高温热害日数高值区主要分布在鄂东南的嘉鱼、武汉、黄石等；中稻抽穗开花期高温热害日数，高值区分布在鄂西南的巴东、鄂东南的黄石、鄂东北的麻城等地区。

以江汉平原荆州为例，日最高气温≥35℃或日平均气温≥30℃的高温天气集中在7—8月，其中以7月下旬最多，占总天数的21.7%；其次为8月上旬，占总天数的19%（图1.18）。

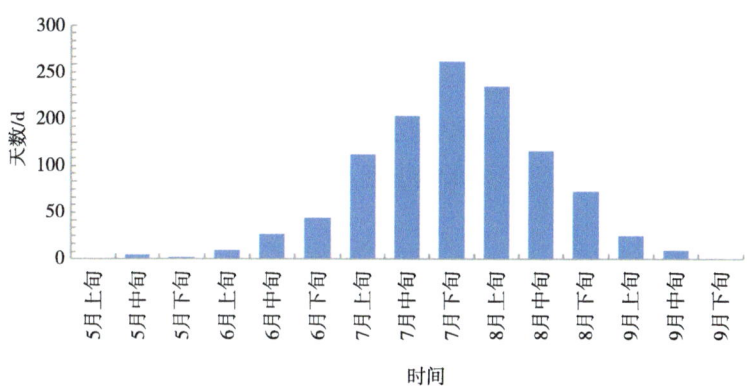

图1.18　荆州1960—2020年5—9月各旬高温总天数

日最高气温≥35℃或日平均气温≥30℃持续3d及以上，称为一次高温热害过程，一年内所有高温热害过程的持续天数之和，称为该年高温热害持续天数。以此为标准，1960—2020年荆州所有年份均发生高温热害，平均每年2.6次，最多的一年发生9次（1961年）；有14年仅发生1次，但高温热害持续时间不等，最长的达10d（1996年）。高温热害持续天数平均每年14.6d，最长持续时间为42d（2013年），最短的年份持续时间为3d（图1.19）。从变化趋势来看，高温热害发生次数变化趋势不显著，持续天数呈显著增加趋势。

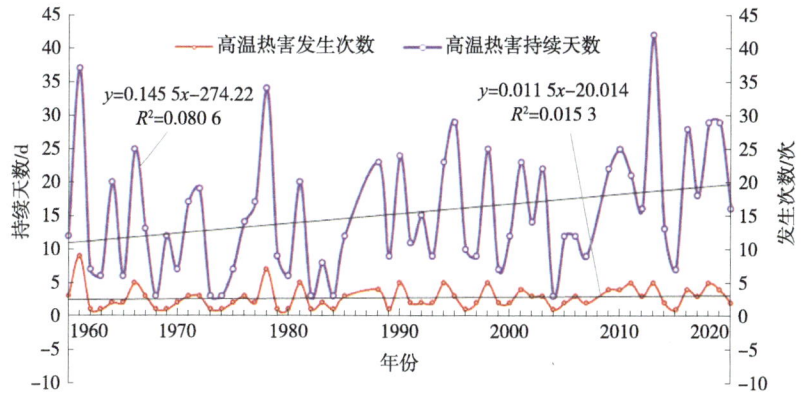

图1.19　荆州1960—2020年高温热害发生次数及持续天数

（四）综合防治对策

（1）对水稻首先掌握好开花灌浆期的水分管理，开花时要浅勤灌，日灌夜排，适时落干，防止断水过早。

（2）改革耕作制度，调整水稻播栽期，使水稻避开生育中期的高温天气。

（3）选择抗高温品种，在高温出现时喷洒3%的过磷酸钙，均有减轻高温伤害的效果。

二、冷害

低温冷害是指在水稻生长季节，由于受到低于其生育适宜温度下限的低温影响，使水稻生育延迟，或发生生理障碍而造成减产。由于水稻冷害是在温暖季节发生，水稻受害后，外观无明显变化，故有"哑巴灾"之称。按其产生的影响分类，可以分为延迟型冷害和障碍型冷害。

（一）延迟型冷害

延迟性冷害是指水稻从播种到颖花分化前的营养生长期遇到较低温度时的危害。主要表现为因低温延迟水稻生长发育，幼穗分化和抽穗日期显著延迟，导致灌浆成熟推迟，成熟度不良，造成减产。受害严重者直到收割期穗部仍然直立，甚至颗粒无收。受害轻者穗上部谷粒饱满，中下部多为空秕粒，出米率低，青碎米多，米质差。

延迟型冷害常伴随着生理性缺氧、缺磷的出现。其主要症状为出叶缓慢，不长分蘖，叶尖干枯，叶脚发黄，稻根发褐且软绵、弹性小，新根细而少，生长停滞，发育延迟防治这种冷害的主要措施是增温、促根。

（二）障碍型冷害

障碍性冷害是指水稻生殖生长期遇到的低温冷害。如果在幼穗形成期遇到低温，花器的分化会受到破坏，花粉败育；如果在抽穗开花期遇到低温，可造成颖花不开，不能正常授粉结实，空壳率增加，甚至还出现"翘穗头"现象。这种冷害常使水稻大幅度减产，甚至颗粒无收。

秋季若冷空气提前来临，就易造成选用了晚熟品种而又晚播、晚插的晚茬田发生障碍型冷害。由于水稻不同品种类型对冷害的抵抗能力不同，因而危害指标也有差异。

（三）荆州冷害种类及发生规律

水稻冷害对荆州水稻危害持续时间较长，从影响时间上可以分为春播期低温、五月寒或芒种寒、盛夏低温、寒露风。

1. 春播期低温

春播期低温指在早稻播种育秧期，因冷空气南下，直接影响早稻种子发芽、生长，致使秧苗的生理机能失调和诱发病害，最终导致烂秧死苗的低温寡照天气。气象行业标准（旧版）曾将我国低温阴雨等级以日平均气温、日平均气温持续天数、日平均日照时数为综合指标，划分为轻度、中度、重度3个等级（表1.3）。

表1.3 低温阴雨等级划分情况

等级	指标		
	日平均气温/℃	日平均气温持续天数/d	日平均日照时数/h
轻度	<12	3~5	<3
中度	<12	6~9	<3
	<10	≥3	<3
重度	<12	≥10	<3
	<8	≥3	<3

湖北荆州的地方标准是：3月中旬至4月中旬连续3d日平均气温小于10℃，最低气温小于5℃；或4月中旬连续3d日均温小于15℃，最低气温小于8℃，均会造成烂秧死苗。2015年荆州发生一次春播期低温，4月2—11日平均气温11.0℃，最低气温仅4.1℃，造成不少育秧大棚内秧苗冻死。

2. 五月寒或芒种寒

在5月下旬至6月中旬，连续3d及以上出现日平均气温≤20℃的低温阴雨天气，此时正值早稻拔节开始，即进入幼穗分化的生殖生长期，从幼穗分化到开花期，是决定产量的关键时期，这时对外界环境反应很敏感，抗逆性很弱，特别是幼穗形成初期和花粉母细胞减数分蘖期对温度的反应尤为敏感。如遇持续低温寡照，引起早播早稻抽穗后不能正常扬花授粉、受精，结实率显著降低，甚者出现"死穗"。

5月低温指标为5月连续5d及以上日平均气温≤20℃。其等级划分为：轻度日平均气温≤20℃连续5～6d；中度日平均气温≤20℃连续7～8d；重度日平均气温≤20℃连续9d及以上。

根据帅细强等（2010）的研究可知，1961—2008年，湖北省中南部5月轻度低温30年滑动累积日数呈下降趋势，5月重度低温30年滑动累积日数也呈下降趋势，但湖北中南部5月中度低温30年滑动累积日数呈上升趋势，所以仍需加大防范力度。

3. 盛夏低温

7月下旬至8月底，湖北省中、迟熟型中稻处于抽穗、扬花、乳熟期，若连续3d及以上气温低于23℃，其花药不能正常裂药授粉，受精不良，致使空壳率升高和结实率下降，还会阻碍水稻灌浆充实，导致千粒重下降。盛夏低温伴随的低温阴雨天气，还易诱发稻瘟病，使水稻产量锐减、米质下降。

在全球气候变化的大背景下，湖北省夏季气候已发生明显变化。与其他地区显著不同的是，湖北夏季气温有明显的降低趋势，近年频繁出现的"夏凉"对水稻生产造成严重影响，成为湖北省水稻生产中一种重要的农业气象灾害。1971—2006年湖北省盛夏低温灾害有明显的增强趋势，鄂西北地区强度增强趋势最明显（杨爱萍 等，2009）；发生范围由鄂西山区向江汉平原扩张；2000—2006年是湖北省盛夏低温冷害最强的时段。如地处江汉平原的荆州市2004—2006年盛夏出现了较为严重的低温冷害天气，对杂交稻、籼稻生长发育不利。据统计部门数据，荆州市2002年、2003年和2005年中稻单产分别比上年下降1 395kg/hm^2、240kg/hm^{2}和75kg/hm^2。

4. 寒露风

寒露风指在9月上旬至10月上旬连续3d及以上日平均气温≤23℃（籼稻）或22℃（粳稻），导致抽穗扬花期的晚稻结实率降低、产量下降的低温冷害天气。主要发生在我国南方双季稻地区。长江中下游一带称为"寒流"，多发生在9月中下旬；在华南稻区多发生在10月上旬（寒露节气前后），危害孕穗、出穗或灌浆的连作晚稻，故称为"寒露风"。

晚稻遭受寒露风侵袭后，有以下几个方面的表现：①干冷风破坏稻叶，造成稻株受伤，破坏输导组织；同时根系也因低温的影响降低水分的吸收，造成稻株生理失水，引起叶片卷曲、枯萎。②受寒露风影响气温低，日照弱，稻株新陈代谢缓慢，光合产物少，孕穗期尤其是花粉母细胞减数分裂期受害，造成颖花畸形，还使花粉不能正常发育；孕穗开花期受害，花期推迟或花药不开裂，花粉发育不良，受精率降低，就会造成大量空秕；灌浆前期受害，灌浆期延缓或停滞，形成大量的秕粒、青粒。③抽穗速度明显减慢，寒露风影响后，抽穗时间一般要增加1倍；若寒露风来势很强，气温更低，稻穗则不能完全伸出剑叶叶鞘，造成包颈，影响开花结实。

1961—2008年，湖北省寒露风30年滑动累积日数呈下降趋势。由于大多数代表站轻、中、重度寒露风30年滑动累积日数呈下降趋势，说明寒露风对晚稻的为害有所减轻，有利于晚稻扬花授粉。

寒露风在荆州市发生较重，1960—2020年每年均有发生，平均每年发生2~3次，每年平均发生的时间为17.2d（图1.20），其中1971年持续时间最长，为31d，共发生了两次寒露风天气过程，第一次发生时段为9月9—17日，持续9d，期间平均温度为20.6℃，最低温度为16℃；第二次发生时段为9月19日至10月10日，持续22d，期间平均温度为18.6℃，最低温度为11.2℃。

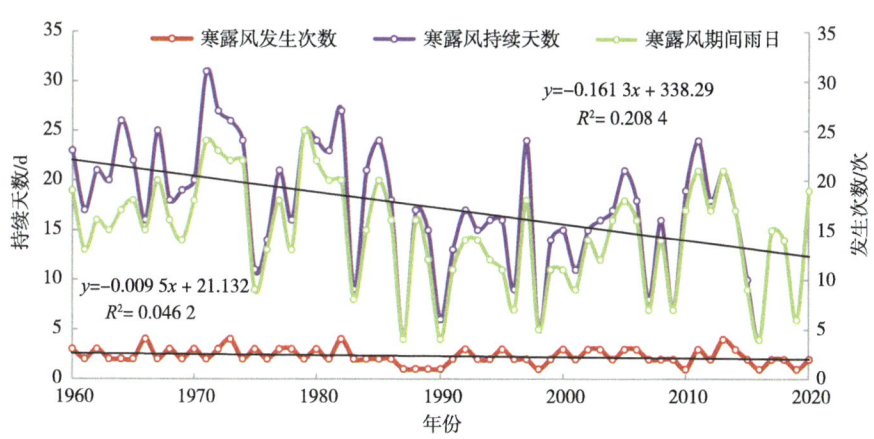

图1.20　荆州市1960—2020年寒露风发生次数及持续天数

水稻生长发育过程中对低温等不良因素最为敏感的两个时期分别为：花粉母细胞减数分裂期和抽穗扬花期。若在花粉母细胞减数分裂期遇寒露风，会造成花粉发育不良，不孕花粉粒增多；抽穗期遇寒露风，又造成抽穗速度减慢，有的甚至不能抽穗，产生包颈现象，尤以杂交稻包颈更为严重。若两个时期同时遇寒露风则损失更大。如2020年发生两次寒露风过程，第一次是9月20—29日，持续10d，期间平均温度为20.1℃，最低温度为16.3℃，且10d内均有降水；第二次是10月2—10日，持续9d，期间平均温度为15.7℃，最低温度为9.9℃，且9d内均有降水。10月2—10日抽穗扬花的水稻，其幼穗分化发育中花粉母细减数分裂期刚好与9月20—29日的寒露风相遇。这两次寒露风过程造成江南、华南大部，晚稻大面积减产。从变化趋势来看，寒露风发生次数变化趋势不明显，持续天数呈明显减少趋势。

（四）综合防治对策

（1）延迟性冷害可因地制宜，科学施肥。根据土壤肥力和品种特性来确定施肥量，氮、磷、钾配合，最好隔年施用充分腐熟的农家肥，有条件的地区也可以秸秆还田和种植红花草，培肥地力（高春庭，2012）。

（2）培育壮秧，掌握适时插秧并坚持浅插，最好采用小苗带土移栽。

（3）在水稻减数分裂期抽穗期等关键时期，若遇当日平均气温低于20℃或日最低气温低于17℃时，应做好预防延迟性冷害的准备。采用灌水法（日排夜灌），可提高土壤温度1.5~2.0℃；也可结合叶面喷施磷酸二氢钾溶液或含超氧化物歧化酶的叶面肥，增强植株抵抗冷害的能力。

第二章 小 麦

第一节 小麦的生长与基本要素观测

一、小麦的阶段发育

小麦一生要经过两个发育阶段,即春化阶段和光照阶段。小麦只有完成了春化阶段的发育,才能进入光照阶段的发育;只有完成光照阶段的发育,才能正常抽穗开花结实(郑少萌,2019)。

(一)春化阶段

在小麦前期生长过程中,需要经过以低温为主的外界条件(包括营养、水分、光照等)的阶段,才能继续正常进行生殖生长的特性,称为春化特性;此阶段称为春化(感温)阶段。小麦既可以在萌动的种子生长点上通过春化阶段,也可在绿色幼苗的茎的生长点上通过春化阶段。因此,可以用萌动的种子进行低温处理来满足冬性小麦对低温的要求,这种方法称春化处理。若不能满足一定时间的低温为主的综合外界条件,冬性小麦就不能孕穗结实。根据小麦通过春化阶段要求的温度和天数不同,可以分为3个类型,即冬性、半冬性、春性(表2.1)。

表2.1 小麦通过春化阶段的类型及所需温度、天数(杨文钰 等,2011)[76]

类型	通过春化阶段的条件	
	温度 / ℃	天数 / d
冬性	0~3	>35
半冬性	0~7	16~35
春性	0~12	5~15

春性品种要求的温度较高，时间较短。春性型幼苗直立生长，未经春化处理的种子，在春季播种可正常整齐抽穗；半冬性型未经春化处理的种子春播时，抽穗期延长或不能抽穗；冬性型幼苗匍匐生长，未经春化处理的种子，春播时不能抽穗。

（二）光照阶段

小麦通过春化阶段后，转入一个对长日照要求敏感的阶段，称为光照阶段或感光阶段。光照阶段发育的特点是要求长日照，一般每天在16～18h或连续光照下，光照阶段进行最快，抽穗最早；每天光照少于12h，光照阶段进行缓慢，抽穗延迟；光照少于8h，光照阶段停止进行，不能抽穗。光照阶段，只有在完成春化阶段以后才能进行。

根据小麦的春性或冬性确定适宜的播种期。冬性型播期可偏早，春性型则应偏迟，否则春性强的品种播早了，容易通过春化阶段，性器官迅速分化，冬前拔节受冻害而造成减产。

我国北纬33°以北的冬小麦品种，因其春化阶段要求温度低，光照阶段要求日照长，通过的时间也长。北种南引，由于缺乏冬性品种正常通过春化阶段所需的低温条件而不能抽穗；即使能勉强通过春化阶段，也往往由于南方日照短，冬性品种的光照阶段进展缓慢而迟熟，在南方春季后期高温多湿的情况下，常因感染病害、缩短灌浆期，造成秕粒而减产。反之，如将南方春性品种引到北方冬麦区秋播，会遭受冻害造成损失。因此，小麦引种时，须从纬度、海拔和气候条件几个方面综合考虑。

二、小麦基本要素观测

（一）小麦主茎的叶、蘖、节根同伸

小麦各位次的分蘖与主茎上各叶片的出现有一定的关系。如主茎上第一叶节分蘖与主茎上第四片叶几乎同时出现（同时在该分蘖节上长出1～3条次生根），主茎上第二叶节分蘖与主茎第五片叶的出现相接近，依次类推。

（二）小麦幼穗分化

植物学上，把小麦的幼穗由茎顶端生长锥分化形成（图2.1）、长大过程，以"七期划分法"进行划分，分别为生长锥伸长期、单棱期、二棱期、小

花原基分化期、雌雄蕊原基分化期、药隔形成期和四分体形成期。

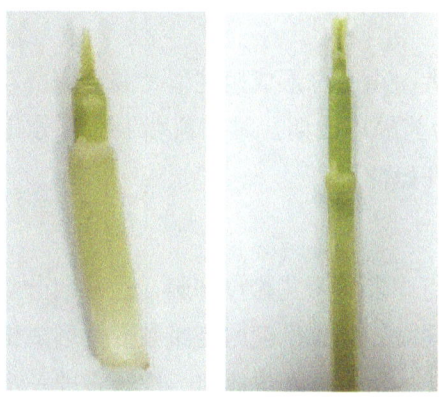

图2.1 小麦拔节期正在分化的幼穗

1. 生长锥伸长期

生长锥伸长期，生长锥长度大于宽度。小麦生长锥伸长期与叶龄通常有如下关系：11叶品种在3.5叶，13叶品种5.5叶。

2. 单棱期（穗轴节片原基分化期）

生长锥继续伸长，并从生长锥基部由下向上分化出现分节的环状突起，为苞叶原基。苞叶原基在小穗原基分化出现后退化。每节一个苞叶原基，呈单棱状，故称为单棱期。苞叶原基着生于穗轴节片上，所以也称为穗轴节片分化期。

3. 二棱期

在幼穗中部，苞叶原基腋部出现二次小突起，为小穗原基。由于小穗原基与苞叶原基构成"二棱"，故称为二棱期。

4. 小花原基分化期（对应《规范》上的拔节期）

护颖分化后不久，在下位护颖原基内侧分化出第一小花外颖原基，紧接着在上位护颖原基内侧，分化出第二朵小花的外颖原基。在同一小穗内，小花原基由下而上呈向顶式分化；在整个幼穗上，则从中部小穗开始，渐及上下各小穗。小麦小花原基分化期与叶龄通常有如下关系：11叶品种在7.4叶，13叶品种在9.4叶，此为小麦的拔节观测提供叶龄诊断法。

5. 雌雄蕊原基分化期

当中部小穗分化出3~4个小花原基时，小穗基部雄蕊原基、雌蕊原基先后分化。内、外颖对峙，3枚球形雄蕊原基位于其间，中心点为雌蕊原基。

6. 药隔形成期

雄蕊体积继续增大，由圆球形成短柱形，并沿中部自顶向下分化出纵沟，分化成4个花粉囊，为药隔形成期。雌蕊顶端下凹，分化出二叉状柱头原基。同时，有芒品种的芒开始伸长。

7. 四分体形成期

花粉囊内的孢原组织发育为花粉母细胞，经减数分裂形成二分体，再经有丝分裂形成四分体。同时，胚囊母细胞经减数分裂形成极核和卵细胞，至此幼穗分化完成。此时剑叶抽出，进入孕穗期，性器官进一步发育成熟。

（三）小麦的根系

小麦的根系是纤维状须根系，由初生根（又称胚根、种子根）和次生根（又称节根、不定根）组成，种子根通常有3~5条，多至7条，垂直向下生长，入土较深。

次生根在主茎和分蘖节的基部长出，多横向生长，一般分布不深，主要分布在20cm以内的土层内，是组成小麦须根系的主要部分。当土壤表层干旱时，种子根吸收土壤深层的水分和养料，在植物的营养生长中起着重要作用；至于拔节以后的植物营养，主要靠次生根供给，当土壤表层水分充足，营养条件良好时，次生根作用更大。

（四）退化小穗与不孕小穗

在进行湖北省小麦产量结构分析数据汇总的过程中发现，个别站不孕小穗率连年偏高，后专门问询了该站的观测员，发现以往一直有将退化小穗当不孕小穗的现象。

1. 小穗数、不孕小穗率的计算

《规范》中，小穗数（个）、不孕小穗率（%）的定义为：逐穗数出样本小穗数（含不孕小穗数、不包括退化小穗）、不孕小穗（小穗上有颖无籽粒，穗中部、顶部不孕小穗亦需计算在内）数，求出平均小穗数和不孕小穗率。由此可见，小麦小穗有结实小穗、不孕小穗、退化小穗。结实小穗有颖有籽粒、不孕小穗有颖无籽粒，那么是否应表示退化小穗就是无颖无籽粒了呢？

刘漂等（2009）指出，普通小麦的产量与小穗数有密切关系。小穗数的增加可以增加穗籽粒数和穗重，但是穗子上的小穗并非都能形成有结实能力的小花。这些不能形成正常小花的小穗就是退化小穗。退化小穗一般发生在穗子基部。不同品种和不同发育状况下，穗子上小穗退化的比率可能不同。小麦的幼穗分化"七期划分法"中，护颖分化位于第4期小花原基分化期以前，外颖分化位于第4期中期，内颖分化位于第5期雌雄蕊分化期，即护颖分化比小花原基分化早，外颖分化比雌雄蕊分化早。不孕小穗指开花授粉不正常，而不能结实的小穗，但具有护颖与内、外颖。而退化小穗指因为遗传等因素导致的花器官未能分化或分化不全而提前退化的小穗，退化小穗可能无颖，也可能只有护颖，甚至可能还有外颖。

因此《规范》中，有关"小穗数、不孕小穗率的计算"表述不够清晰准确，导致观测员在理解过程中出现差错，造成了站与站之间"不孕小穗率"的资料比较性差。建议改为："逐穗数出样本小穗数（含不孕小穗数、不包括退化小穗）、不孕小穗（小穗上颖全但无籽粒，穗中部、顶部不孕小穗亦需计算在内）数，求出平均小穗数和不孕小穗率。"

2. 退化小穗、不孕小穗的外形特点

结合多年实践经验，对不孕小穗、退化小穗的外形特点总结如下。

不孕小穗指的是有颖无籽粒的小穗，不孕小穗有内颖、外颖、护颖等多个颖片。退化小穗颖片不全（更无籽粒），1个退化小穗通常最多只有2片颖壳（图2.2）。

图2.2　小麦的小穗数量与退化小穗

3. 不孕小穗、退化小穗在穗轴上的着生位置

李艳霞等（2019）研究表明，小麦小穗上不同粒位籽粒发育的不均衡性限制着小麦产量的提高。生长在小穗基部维管束结上开花较早的小花形成的籽粒灌浆速率大、充实好，为强势粒；生长在小穗维管组织分支上的上位小花开花迟，灌浆速率小、充实差，形成的籽粒发育为弱势粒。对上述研究进行递推，我们可以认为后分化的小穗、小花处于弱势地位，容易退化。因此，不孕、退化小穗常出现在基部和顶端。

李淑贞等（1982）指出，小穗的退化发生在穗的两端，退化程度基部大于顶部；同一小穗中的小花，越居上位，退化程度和可能性越大。

（五）麦类观测中各要素内在关系与矛盾

麦类的产量结构分析中，包含小穗数、不孕小穗率、穗粒数、千粒重、理论产量、株成穗数、成穗率、茎秆重、籽粒与茎秆比，共9项。

麦类的产量因素观测中，包含分蘖数、大蘖数、小穗数、结实粒数等。

麦类的密度观测中，包含三叶株数、越冬开始（冬小麦冬季不停止生长的地区，越冬开始期测定项目在1月10日前3d内）总茎数、拔节总茎数、乳熟总茎数，以及抽穗有效茎、乳熟有效茎等。

1. 由不孕小穗率反推穗粒数界限值

麦类的产量结构分析中，不孕小穗指的是有颖无籽粒的小穗，如果将有颖有籽粒的小穗称为实小穗，则：

$$小穗数＝总小穗数＝不孕小穗数+实小穗数$$

$$不孕小穗率＝100\% \times 不孕小穗总数 / 总小穗数$$

$$实小穗数＝小穗数 \times （1-不孕小穗率 / 100）$$

一般每个小穗中含有2个麦粒，含有3个或以上麦粒的为少数。假如按照平均每个小穗中有3个麦粒，则：

$$穗粒数＜3 \times 实小穗数$$

$$穗粒数＜3 \times 小穗数 \times （1-不孕小穗率 / 100）$$

"穗粒数*"表示估算值

$$穗粒数^*＝3 \times 小穗数 \times （1-不孕小穗率 / 100）$$

则：

$$小穗数<穗粒数<穗粒数^*$$

穗粒数如果不满足上式，则表示相关要素涉及项目中会有数据大小不合理的问题。

2. 乳熟结实粒数与产量结构穗结实粒数关系

根据产量因素的意义，麦类乳熟结实粒数与产量结构穗结实粒数应该大小相当。一般产量因素测定时，取样会偏重于长势好的植株，从而造成产量因素较高。如果乳熟结实粒数与产量结构穗结实粒数差别大于50%，甚至100%时，产量因素的观测就失去了意义。

3. 冬小麦分蘖数、大蘖数与密度的关系

冬小麦在越冬开始发育期（冬小麦冬季不停止生长的地区，越冬开始期测定项目在1月10日前3d内）进行分蘖数、大蘖数的观测。

分蘖数（个）、大蘖数（个）：统计每株分蘖数（不包括主茎）和分蘖中具有3片或以上完整叶的蘖数，分别求出单株平均。为便于观测，于分蘖前各点做出标记。

如果在三叶株数、越冬开始（或1月10日前3d内）的总茎数观测、分蘖数、大蘖数的观测过程特别理想，就会大致满足以下平衡公式：

$$分蘖数=（越冬开始密度-三叶密度）/三叶密度$$

$$大蘖数<（越冬开始密度-三叶密度）/三叶密度$$

设：

$$大蘖数^*=（越冬开始密度-三叶密度）/三叶密度$$

如果出现大蘖数>大蘖数*，则表明相关密度或者产量因素观测数据中有疑误信息。

4. 反推乳熟有效茎数（密度）

由《规范》中：

$$理论产量=穗粒数\times千粒重\times乳熟有效茎数/1\,000$$

可以推算：

$$乳熟有效茎数^*=1\,000\times理论产量/（穗粒数\times千粒重）$$

因计算过程中的四舍五入影响，乳熟有效茎数*与乳熟有效茎数差别一般小于0.5茎/m²，如差别较大，则表明相关密度或产量结构分析数据中有疑误信息。实际中曾出现计算的乳熟有效茎数*等于乳熟总茎数的情况，其原因是计算理论产量用的是乳熟总茎数，而不是乳熟有效茎数。

5. 解决撒播小麦密度资料矛盾的方法

一般情况下，稻麦田块的最小密度在三叶期，三叶期后密度逐渐增大，最大密度在拔节期，而后密度逐渐减小。一份小麦报表，有时会出现各生育期的密度资料不连续、前后矛盾等问题。

撒播小麦的密度观测，要求以4个测点（乳熟期8个测点），每点50cm×50cm所测茎数的和，折算到1m²而得到的。

撒播作物，畦（垄）沟或畦背占有一定面积，密度测定结果需进行订正。第一次密度测定时，在地段观测点附近，各量出2畦（垄）以上的长度和宽度，求出总面积及相应的实播面积（不包括畦沟、背），4个点取平均值，计算订正系数，保留1位小数。测定记录记入密度测定记录页内。

$$订正系数 = \frac{实播总面积}{包括畦沟、背的总面积}$$

对于规则的长方形田块，实播面积与总面积的比，就是实播宽度与总宽度的比。

$$长方形田块订正系数 = \frac{实播总宽度}{包括畦沟、背的总宽度}$$

$$订正后1m^2的株（茎）数 = 订正系数 \times 1m^2株（茎）数$$

提高撒播作物密度观测质量，除了认真观测外，还需注意3点：①测点固定。从第1次观测确定密度测点后，测点不能变化。②每个测点的观测范围固定。每点4个角用棍固定后，需要拉起正方形的分界线；因后期麦苗比较茂密，若分界线不明，会造成密度资料的不连续。③对于麦棉套种田块，需要根据种植要求，留出预留棉行的空间（有些套种前依然有麦苗生长的预留棉行，种棉花时会将麦苗锄掉）。其方法是在确定密度订正系数时减少实播面积（对于规则的长方形田块，就是减少实播宽度）。

第二节　小麦相关知识拓展

一、小麦打砘镇压

小麦三叶期后，墒情适宜时中耕，以破除土壤板结，改善通气条件，提高地温，促进根系发育和分蘖。结合中耕进行镇压（图2.3），粉碎泥土块，踏实土壤，达到提温保墒的目的（郑强，2019）。对晚播麦田，可浅锄松土，以增加土温，促进麦苗早发快长。对播种偏早、有旺长趋势的麦田，要及时进行深中耕断根或镇压，控旺转壮。对耕作粗放、泥土块较多、没有耙实的麦田，封冻前进行镇压，以增温保墒。压麦应在中午以后进行，以免早晨有霜冻镇压伤苗。

对于冬前或早春旺长麦田，采用自走式镇压机进行冬季或春季镇压，控旺增产提质效果非常明显（夏奎 等，2018）（生产中若只选择进行一遍镇压，冬季镇压效果优于春季镇压）。通过冬前镇压抑制冬前小蘖出生或通过早春镇压促进无效蘖快速消亡，减少冬前苗量或春季最大群体量，有效预防后期倒伏，减轻后期早衰。

图2.3　小麦打砘镇压——带砘的机车蓄势待发[①]

二、专用小麦

目前，国内专用小麦主要分三类，分别为强筋、中筋和弱筋。

---

① 图片来源：https://www.360kuai.com/pc/9dc83d87d9c77c11a?cota=3&kuai_so=1&rcfer_scene=so_3&sign=360_da20e874&tj_url=so_vip.2020-12-01。

强筋小麦，指籽粒硬质（角质率≥70%），蛋白质含量高，面筋强度强，延伸性好，适合制作面包以及搭配生产其他专用粉的小麦。

中筋小麦，指籽粒硬质或半硬质，蛋白质含量中等，面筋强度中等，延伸性好，适用于制作面条、馒头等食品的小麦。

弱筋小麦，指籽粒软质（粉质率≥70%），蛋白质含量低，面筋强度弱，延伸性较好，适用于制作饼干、糕点等食品的小麦。

在2003年农业部（2018年改为农业农村部）《专用小麦优势区域发展规划（2003—2007年）》的引导下，黄淮海、长江中下游和大兴安岭沿麓三大优质专用小麦产区优势增强，各显特色（卢布 等，2010）；2007年三大优势区小麦种植面积占全国总面积的80%。其中，黄淮海小麦主产区已成为我国最大的中强筋小麦生产基地，2007年河北、山东、河南、江苏、安徽5省小麦面积占全国总面积的65.4%，产量占全国总产量的75.5%，比2003年分别提高3.0个百分点和4.7个百分点。长江中下游优质弱筋麦区加快形成，2007年江苏省弱筋小麦种植面积40.7万hm^2，产量222万t，比2003年分别增加29.5万hm^2和175万t，为全国优质弱筋小麦的主产区；另外，当年按标准化生产和管理的达25.7万hm^2，产量140万t，分别比2003年增加16.4万hm^2和100万t。大兴安岭沿麓已成为我国优质硬红春小麦主产区，所产小麦品质优良、商品性能稳定、对进口硬麦替代性增强，商品率保持在80%以上。

第三节　小麦的病虫害

一、病虫害的种类

小麦病虫害主要包括锈病（条锈病、叶锈病和秆锈病3种）、白粉病、赤霉病、蚜虫等。

（一）小麦锈病

小麦锈病，俗称黄疸病，分为条锈病、叶锈病、秆锈病3种（卞超，2018）。条锈病主要为害小麦叶片，也为害叶鞘、茎秆、穗部，夏孢子堆在叶片上排列呈虚线状，鲜黄色，孢子堆小，长椭圆形，孢子堆破裂后散出粉状孢子（图2.4）。叶锈病主要为害叶片，叶鞘和茎秆上少见，夏孢子堆在叶片上散生，橘红色，孢子堆中等大小，圆形至长椭圆形，夏孢子一般不穿透叶片，偶尔穿透叶片，背面的夏孢子堆也较正面的小。秆锈病主要为害茎秆和叶鞘，也可为害穗部。夏孢子堆排列散乱无规则，深褐色，孢子堆大，长椭圆形。夏孢子堆穿透叶片的能力较强，同一侵染点在正反面都可出现孢子堆，而叶背面的孢子堆较正面的大。3种锈病病部后期均生成黑色冬孢子堆。

小麦锈病不同于其他病害，由于病菌越夏、越冬需要特定的地理气候条件，条锈病和秆锈病还必须按季节在一定地区间进行规律性转移，才能完成周年循环。叶锈病虽然在不少地区既能越夏又能越冬，但区间菌源相互关系仍十分密切。所以，3种锈病在秋季或春季发病的轻重主要与夏、秋季和春季雨水的多少，越夏越冬菌源量和感病品种面积大小关系密切。一般来说，秋冬、春夏雨水多，感病品种面积大，菌源量大，锈病就发生重，反之则轻。

图2.4　小麦的条锈病

（二）小麦白粉病

小麦白粉病是小麦中后期的主要病害之一，对小麦产量影响很大。李延伶等（2010）分析，由于气候变化及其他一些人为因素，该病有加重为害的趋势，严重影响小麦的产量和品质。小麦白粉病是一种真菌性病害。该病以侵害小麦叶片和叶鞘为主。发病初期，叶片表面产生白色粉状小霉斑，逐渐扩大相互联合呈长椭圆形的大霉斑，并逐渐由灰白色变成浅褐色，病斑上散生有针头大小的小黑颗粒，即病原菌的闭囊壳（图2.5）。严重的叶片枯黄卷曲，植株萎缩，不能抽穗，造成产量下降，且发病越早，减产幅度越大，是小麦高产的主要制约因素。

图2.5　小麦白粉病穗

最早可在4月中下旬出现中心病株，最迟5月初出现。初见期的早迟与当年气候条件有直接关系，如果冬季气温偏高，湿度大，初见期可能早。小麦在孕穗扬花期，病情增长速度较快，进入灌浆末期，闭囊壳普遍形成，该病情基本稳定，停止扩展蔓延。研究指出，河北2—3月的气温偏高，有利于小麦白粉菌的安全过冬，翌年白粉病有大发生的可能性；4—5月的降水量多、日照少、湿度大，有利于白粉病分生孢子的产生和传播，对病害的流行有利。

（三）小麦赤霉病

小麦赤霉病是世界温暖潮湿和半潮湿地区广泛发生的一种毁灭性小麦病害，在我国长江流域及东北东部春麦区为主要小麦病害，为害十分严重。随着气候的变化，小麦赤霉病已向黄淮流域蔓延扩展（李进永 等，2008）。

小麦赤霉病从苗期至穗期均可发生，引起苗腐、基腐、秆腐和穗腐，其中以穗腐为害最大。穗腐一般于小麦扬花后6～10d出现症状，最初在小穗和颖壳上呈现水渍状褐色斑点，后逐渐扩展至全部小穗，穗颈或穗轴受害时，病部呈褐色或青黄色，受害处的以上部分全部枯黄而死。在田间高温高湿条件下颖壳边缘和小穗基部会产生粉红色霉层（分生孢子），发病后期病部出现黑色粒状物（病原菌的子囊壳）。受害麦粒皱缩干瘪，呈白色或粉红色霉层，从而影响小麦产量和品质（图2.6）。温湿度是影响小麦赤霉病发生早迟和轻重的决定性因素，在菌源条件具备的情况下，当温度在25℃、相对湿度在80%以上时，子囊壳形成最快。尤其是湿度，在小麦抽穗扬花期，阴雨、潮湿天气持续的时间越长，病害发生就越重。

图2.6 小麦的赤霉病

（四）小麦蚜虫

小麦蚜虫是我国小麦的重要害虫之一，主要包括麦长管蚜、麦二叉蚜和禾谷缢管蚜3种。成蚜、若蚜刺吸麦株叶片、茎秆和嫩穗的汁液，使叶片出现黄斑或全部枯黄，生长停滞，分蘖减少，籽粒饥瘦或不能结实（图2.7）。麦蚜不仅吸取植株汁液，影响作物发育，还能传播多种病毒病，其中以传播小麦黄矮病为害最大，可造成小麦严重减产（王春芝，2008）。

3种蚜虫的形态特征区别主要在体色、触角、腹管及成虫翅脉方面。麦长管蚜体色绿色，触角长超过腹部的2/3，腹管长超过腹部末，翅脉没有明显的二叉分支。麦二叉蚜体色淡绿至黄褐色，触角长不超过腹部的2/3，腹管通常不超过腹部末，翅脉有明显的二叉分支。禾谷

图2.7 麦蚜虫

缢管蚜蚜体多暗绿色至黑绿色（河南省植保植检站，2015）[50]。

小麦蚜虫发生面积较大、为害程度较重，在小麦整个生育期都会发生。随着气候逐渐变暖，小麦蚜虫的发生呈逐步上升趋势。赵云娟（2014）指出，山西省临汾市2013年3月比上年同期气温升高4～5℃，降水量减少六七成，具备对蚜虫繁殖非常有利的气候环境，是造成山西省临汾市2013年小麦蚜虫发生提前的重要原因。

二、2020年多地冬小麦条锈病严重发生

2020年，冬小麦条锈病在我国陕西、河南、山东等地发生较为严重。其中，陕西省咸阳市发生面积占小麦种植面积的82.7%，表现出秋苗发病早、范围广，冬季部分病菌持续繁殖扩展、春季4月扩展迅速，后期为害严重等特点；咸阳市该病流行的原因包括菌源基数高、暖冬及春季降水天气等适宜、主栽品种整体抗病性差等（张文斌 等，2021）。陕西省渭南市小麦条锈病为害面积为18.8万hm^2，发病特点为发生早、发病重、流行快；发病主要原因是条锈菌源量大、气候条件适宜和防治后的复发率等（赵慧 等，2021）。在河南洛阳市则呈现局部偏重发生态势，发生范围广，为害期长且为害重，是近20年来最严重的一年（张莉 等，2021）。2020年山东菏泽市小麦条锈病发生明显重于往年，是自1990年以来暴发最严重的年份（高俊平 等，2021）；王艳云等（2021）认为，菏泽市冬前气温偏高、降水增多、见病早，有利于小麦条锈病越冬期繁殖，增加病原菌来源，来年开春可能发病广；返青—拔节期积温多、降水量大，有利于越冬后小麦条锈病菌的进一步扩增繁殖，易流行；小麦抽穗—成熟期积温多，但降水偏少，小麦条锈病大面积传播的概率变小。

三、2021年湖北、江苏赤霉病大发生

湖北省沿江麦区是小麦赤霉病常发区和重发区（许艳云 等，2021）。近年来，由于春季降雨区北抬，造成北部麦区赤霉病发生频率大幅增加。此外，水稻玉米秸秆还田，造成田间小麦赤霉病菌源量急剧增加，导致小麦赤霉病在湖北重发频率高。小麦赤霉病发生流行不仅直接导致小麦结实率和千粒重下降，影响小麦高产稳产；而且病菌产生的真菌毒素还会污染麦粒，影响小麦商品及其制品质量安全，威胁人畜健康安全。

2021年4月，湖北省除鄂东北地区外，全省出现不同程度的连阴雨天气，其中鄂西南西南部、江汉平原局部、鄂东南局部出现8～20d连阴雨天气；5月中旬省内以阴雨天气为主。

2021年，小麦赤霉病在江汉平原地区大发生，在鄂北地区为中等偏重发生。据湖北省植物保护总站4月21日统计资料显示，赤霉病累计发生面积为436.03万亩。黄亚宗等（2021）对2021年湖北省罗田县小麦赤霉病偏重发生原因分析认为，除了菌源基数高是发病的前提条件、主栽品种抗性差等原因外，小麦扬花至乳熟期连阴雨天气对赤霉病病菌子囊孢子的传播和侵染极有利是导致小麦赤霉病重发的主要原因。据气象资料显示，2021年4月，罗田县有6次明显降雨天气，雨日达15d，比常年同期平均雨日多5d，比上年同期雨日多9d；多雨寡照的气象条件导致小麦开花慢且不整齐，延长了花期，增加了感染赤霉病的风险。

同期，产粮大省江苏省受连续阴雨天气的影响，小麦赤霉病在正处在小麦抽穗扬花期的江淮北部、沿淮及淮北等地呈偏重以上流行趋势。江苏省粮油质量监测中心2021年新收获的小麦质量进行检测，结果显示，不完善粒总量平均值为5.2%，其中占比较多的是赤霉病粒，平均值为1.3%；小麦质量总体状况较2020年有所下降（陈建伟，2021）。

第四节　小麦的农业气象灾害

一、干热风

（一）干热风指标

干热风俗称为"火风""旱风""热风"等。出现在温暖季节，主要危害小麦的生长发育。干热风与干旱不同，它是由于气温高、湿度小，加上风吹，使植物蒸腾急速增大，植株体内水分失调，甚至枯死。

一般在小麦乳熟期，遇到日最高气温≥30℃，14时相对湿度≤30%、风速达2m/s时，农作物就会受害；当日最高气温≥35℃，14时相对湿度≤25%、风速达3m/s时，称为严重干热风。

（二）干热风发生的规律

在湖北江汉平原中南部及鄂东南地区，小麦在5月中旬已经收获，此时气温较低，受干热风危害相对较轻。鄂西北地区小麦收获时间要迟5~10d，干热风时有发生。以襄阳为例，以日最高气温≥30℃，最小相对湿度≤30%，日平均风速≥2m/s，且没有出现降水为指标，若相邻两天指标均出现，则统计为一次干热风过程。1980—2020年的5月1—31日，有30年出现干热风，占73%。平均每年发生1.7次，最多发生了6次（2007年）。每次干热风过程持续时间不长，其中仅1d的有49次，占71%；持续2d的有11次，占16%；持续3d的有8次，占12%；持续4d的仅1次，占1%。

从发生的次数和持续天数的变化趋势来看（图2.8），干热风的发生次数和持续天数均有增加的趋势，但增加趋势不显著。

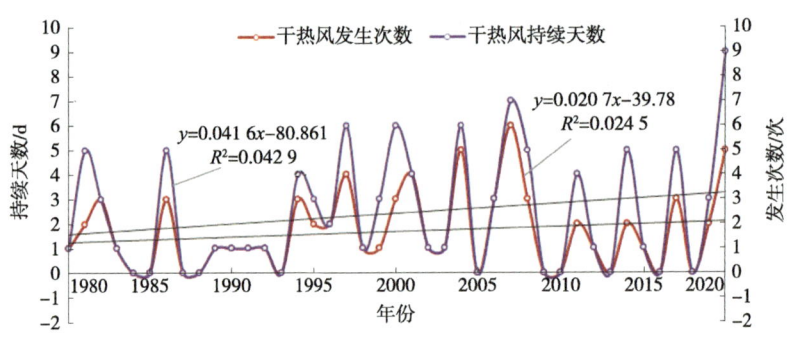

图2.8 襄阳1980—2020年干热风发生次数及持续天数

二、"烂麦场"

麦收期间，遇连续降雨将对已成熟的冬小麦适时收晒不利，造成小麦发芽或霉变，导致"烂麦场"，继而减产。

江汉平原小麦收获期一般在5月上中旬，此时正是春季连阴雨多发期，统计荆州市1960—2020年的5月1—20日雨日，5月上中旬所有年份均出现降水，雨日最少为3d（2000年），最多的有17d（2002年），雨日占一半以上（10d及以上）的有26年，占43%（图2.8）。若连续3d及以上出现降水，称一次阴雨天气过程，中间允许间隔1d，且该日日照时数在2h以内。出现阴雨天气过程的有45年，占74%；阴雨持续天数10d及以上的有8年，占13%；阴雨持续天数最长18d，也是2002年，第一次持续阴雨时段为5月的1—9日，连续9d，间隔2d后，第二次持续阴雨时段为5月的12—21日，连续10d，致使大部分小麦收获推迟，导致麦株在田间出现倒伏、落粒、穗上发芽霉变现象，严重影响产量（图2.9）。

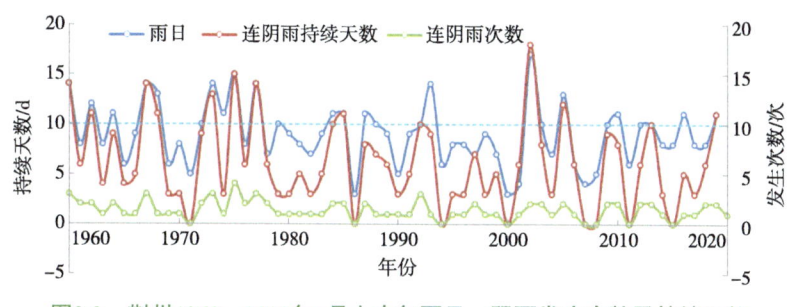

图2.9　荆州1960—2020年5月上中旬雨日、阴雨发生次数及持续天数

三、低温冷害

2007年荆州豫教2号小麦抽穗后，播种期早于10月20日的地块出现麦穗顶部或大部不实或结实性较差的现象（王世杰，2007）。产生不实现象的气候原因是麦播后至翌年3月气温一直偏高，幼穗发育过快，小麦抗寒性能降低，再加上3月初和4月初两次倒春寒的影响；不实现象的品种原因则是该品种后期对低温有所敏感。因此，在栽培技术方面，务必强调该品种在鄂北地区的播种期不得早于10月20日；在荆门和荆州地区，始播期分别为10月25日和10月30日。有关2007年荆州市豫教2号小麦抽穗异常的原因见附录1。

四、湿害

（一）湿害对小麦的危害

小麦是旱生作物，对土壤水分过多相当敏感。小麦湿害主要发生在苗期、拔节—抽穗期和结实灌浆期。苗期湿害是由于播种期和幼苗生长期雨水过多、土壤湿度过大造成的。播种前土壤水分过多使整地质量降低，造成烂根烂种，种子因缺氧而霉烂。幼苗期土壤过湿，致使小苗僵而不发，分蘖率低，初生根生长受抑，次生根显著减少。同时因土湿土凉、土壤空气不足，养分分解慢，麦苗吸收不到足够的养分而变得瘦小，叶片发黄，并影响到中、后期的正常生长发育。

返青—拔节期小麦需水量较大，如遇连阴雨，只要后期天气正常，田间管理得当，对产量影响不大。拔节—抽穗期小麦既需水，又怕涝。土壤过湿，根系活动衰退，吸肥吸水能力下降，严重田块分蘖枯死，成穗率大大降低，每亩有效穗数减少，株高变矮，单株绿叶片少，叶面积显著变小。

结实灌浆期是提高粒重的关键时期。这时土壤过湿会造成根系早衰，严重的会腐烂发黑，植株水分收支失去平衡，绿叶减少，叶片功能期缩短，植株早枯，灌浆期缩短，籽粒瘦瘪，千粒重降低。由于湿度过大，往往诱发赤霉病、锈病、白粉病蔓延，造成严重减产。

通过江汉平原腹地荆州与鄂西北宜城共16年的小麦气象产量对比分析得出（刘银秀 等，2019），小麦孕穗到成熟期日照偏少、雨日偏多、地下水位埋深最浅值偏小，是导致荆州小麦单株成穗数偏少、穗粒数偏少、千粒重偏小的关键因子；进而得出江汉平原阴湿天气是荆州小麦产量偏低的根本原因。2021年度湖北、江苏赤霉病偏重发生也是湿害的重要表现，湿害引发的病害也导致了小麦品质的下降。

（二）湿害发生的规律

根据气象行业标准《小麦、油菜涝渍等级》（QT/T107—2009），涝渍指数计算公式如下：

$$Q_w = b_1 \frac{R}{R_{max}} + b_2 \frac{D_R}{D} - b_3 \frac{S}{S_{max}}$$

式中，Q_w：涝渍指数；R：旬降水量（mm）；R_{max}：近3个年代最大降水量（mm）；D_R：旬降水天数（d）；D：旬天数（d）；S：日照时数（h）；S_{max}：旬可照时数（h）；b_1、b_2、b_3：影响参数，分别取1.0、1.0、0.75。

分析1960—2020年江汉平原涝渍指数，3月小麦拔节期出现湿害的有18年，占29.5%；4月上中旬小麦孕穗期出现湿害的有15年，占24.6%；4月下旬至5月中旬小麦抽穗灌浆期出现湿害的有20年，占32.7%。

比较荆州与宜城3—5月中旬各旬正涝渍指数之和，荆州涝渍指数有52年大于宜城，占85%。从变化趋势来看，均呈减少趋势（图2.10），但减少的趋势不显著。

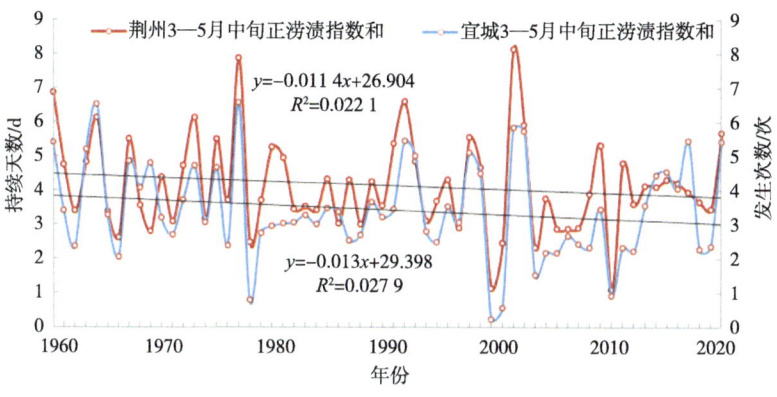

图2.10　荆州、宜城1960—2020年3—5月中旬涝渍指数变化

利用湿段天气系数法、渍涝指数法对湖北省小麦生长中后期湿害分区。在不考虑地形地势的情况下，鄂西北山区及向平原过渡区、桐柏山大洪山及向平原过渡区、鄂东北大别山与丘陵区、江汉平原北部区是湿害4级区，湿害最轻；宜昌东部丘陵区的当阳为3～4级区。

在考虑地形地势的情况下，江汉平原除北部以外地区，县城海拔高度一般在50m以下，有的只有20多米，排涝排渍难度大，特别是湖区低洼田块，更是容易产生较长时段的严重涝渍区域。同理，湖北偏南地区山区或丘陵地区的低地田块，也是易涝渍地。这些地区属于湿害1～2级区，湿害重，不适宜小麦的大规模种植。

第三章 棉 花

第一节 棉花的生长与基本要素观测

陆地棉棉花从播种到收花一般为190~220d。依次为：播种出苗期、苗期、蕾期、花铃期、吐絮期。

一、棉花的主要生长特性

棉花具有以下生长特性：喜温好光、较耐旱但怕渍；无限生长习性；再生能力强，可塑性强，便于促控；营养生长与生殖生长并进、重叠；单株产量潜力大。

（一）喜温好光

棉花生长发育所需温度比其他作物偏高，其最适宜生长温度为25~30℃。各种器官如叶、蕾、铃等均有随着温度的升高而加快生长的趋势。当温度不高时，棉株生长缓慢，生育推迟，影响棉铃发育，造成晚熟减产。

棉花对光强反应敏感，光照不足对棉花的生育有严重的抑制作用，并造成大量的蕾铃脱落。光补偿点为1 000~2 000lx，光饱和点70 000~80 000lx，而通常喜温作物光饱和点只有20 000~50 000lx。这表明在强光照下其他作物不能进行光合作用时，而棉花却能正常地通过光合作用制造有机养料。因此，棉花一生中明显地表现出喜温好光，怕寒冷和荫蔽（徐楚年，1982）。

（二）较耐旱但怕渍

棉花为直根系作物，根系发达，主根入土可达2~3m；侧根发达，分布广，主要分布在15~35cm深处。大侧根横向延伸可达35~60cm，在土壤中形成强大的水分吸收网,奠定了棉花耐旱的基础。棉花怕渍,全生育期需水量450~750mm,土壤相对湿度较长时间高于90%时,对棉花生长不利(表3.1)。

表3.1 棉花各发育期需水量和适宜土壤相对湿度(王荣堂,1993)

生育阶段	需水量占全生育期比例/%	需水量/mm	适宜土壤相对湿度/%
出苗—现蕾	<15	60~80	55~70
现蕾—开花	12~20	70~120	60~70
开花—吐絮	45~55	250~410	70~80
吐絮—成熟	10~20	70~110	55~70

(三)无限生长习性

棉花有无限生长习性,在适宜的条件下,能不断地生长果枝,果枝又能不断地增长果节、增加花蕾,开花结铃。在秋后,如果气象条件满足,可以不停地生长出新的蕾与花。

(四)再生能力强,便于促控

正常情况下由于棉花存在潜伏的腋芽,当遭遇风、雹、虫等灾害时,枝叶折损,只要仍有茎节,潜伏的腋芽可萌生新的枝条,发育成蕾,开花结铃。

棉花蕾期生长稳健的标志是:根系发达,主茎粗壮,节间短——下部1~8节平均每节长不超过3~5cm;茎秆颜色下红上绿,红色部分约占1/2~2/3;叶色鲜绿,大小适中,主茎上端3~4片展开叶高出主茎生长点;同一果枝上的花蕾由里向外逐渐变小;主茎顶端肥大,生长势较强,每3d长出一个叶片和一个果枝,到小暑前后约长出10个果枝;主茎日增高1.0~1.5cm,不宜超过2cm。

棉株现蕾后,根据生长情况进行除叶枝、摘顶尖、打旁心、除赘芽、打老叶等田间操作。

二、棉花基本要素观测

(一)棉花的叶

棉花有子叶、前叶和真叶。出苗时,一大一小呈肾形的叶,为子叶(图

3.1）；前叶为腋芽形成的第一片不完全叶，大多无叶柄，没有托叶，形状以披针形、长椭圆形或不对称卵圆形为多见，叶片很小，易脱落，会被误认为真叶的托叶；真叶属完全叶，由托叶、叶柄、叶片三部分组成。

图3.1 棉花肾形双子叶（左）、掌形真叶（右）

（二）棉花的蕾、花

棉花从现蕾至开花的时段为蕾期。棉株最下部果枝第一果节上出现长约3mm的三角塔形花蕾叫现蕾（图3.2）。棉株现蕾一般以由下而上、由内向外呈螺旋形的顺序进行。陆地棉品种一般在6～8片真叶期现蕾，大约25d发育成花。

棉花的花是一种完全花，具有苞叶、萼片、花瓣、雄蕊和雌蕊。一般在上午开花，刚开放的花冠为乳白色；由于细胞内酸度增加，开花的当天下午花冠变为粉红色（图3.3）；第2天颜色更深且失水萎蔫；第3天花冠呈暗紫色，并自行脱落。

图3.2 棉花的顶端三角塔形蕾（左）、蕾和花（右）　　图3.3 棉花白花次日变为红花

(三)棉花的果枝和叶枝

1. 无限、有限、零式果枝

根据果枝节数的多少,可分成多节、一节和零式3种。多节的果枝称无限果枝。只有一节的果枝称有限果枝。有限果枝可在枝的顶端丛生几个棉铃,棉铃以铃柄直接着生在主茎叶腋的称零式果枝(杨文钰 等,2011)[186]。

整枝可控制营养生长,改变营养物质的分配和运转方向,减少养分的无谓消耗,有利于果枝和蕾铃的发育,还能改善通风透光条件,提高光合生产率,有保蕾保铃的作用。

2. 棉花的果枝和营养(叶)枝的区别

棉花的果枝枝条近水平方向曲折向外生长,与主茎角度较大(图3.4);叶枝斜直向上生长,与主茎角度较小;果枝叶与花左右对生,叶枝叶片呈螺旋形互生;果枝蕾铃着生方式为直接着生,叶枝间接着生于2级果枝。

另外,棉花叶枝的形态与主茎相似,区别在于主茎着生于土壤,叶枝着生于主茎。

图3.4 棉花果枝的形态

(四)产量因素与产量结构分析

1. 棉花产量测定时间

与稻谷和麦粒晒干与否的标准类似,棉花收获后,经晾晒,从籽棉任选一粒棉籽，用牙咬时，脆响断裂，方可进行相关重量测定。

2. 棉花的产量属性

观测员要树立棉花产量不同于稻、麦产量，只有1种形式，既有皮棉产量、也有籽棉产量的观念。理论产量、地段1m²产量、上等田块产量、中等田块产量、下等田块产量均应该调查籽棉产量；其平均产量一般为皮棉产量。"地段1m²产量"与"理论产量"差别大小是当年棉花观测资料可用性好坏的衡量标准；观测人员在产量结构综合分析时，需要统一单位，然后通过换算，将各种产量进行合理性比较，以确保资料来源无误（刘银秀 等，2021）。

湖北省中等田块籽棉产量一般为240~430g/m²，也可扩展为210~510g/m²，倘若超出上述范围，需要考虑是否为田块代表性差或数据采集填写错误。

3. 棉花三桃调查

《规范》中，"棉花产量因素测定"第1款明确规定："伏前桃、伏桃、秋桃数（个）：分别在7月15日、8月15日、9月10日观测，统计直径≥2cm的棉铃数，求出单株平均铃数，观测后做上标志。"该段"观测后做上标志"，是准确做好三桃数调查的关键。

如果执行《规范》不严格，可能会造成如下失误：已经调查过的成铃没有做标记，后期调查时，因害怕出现将伏前桃重复统计入伏桃数、秋桃数以及将伏桃重复统计入秋桃数的现象，人为使伏桃数、秋桃数统计偏少；或稀里糊涂地直接将伏前桃重复统计入伏桃数、秋桃数，将伏桃重复统计入秋桃数，使三桃数之和明显偏大。

有人建议不用做记号，用8月15日的总铃数减去7月15日的伏前桃数，便可以得到伏桃数，类似可以得到秋桃数（"比如第一株7月15日有10个铃，8月15日总铃数28，9月10日总铃数52，三桃数一减就出来了"）。但这样做的结果是：伏前桃数错误会导致伏桃数错误，伏桃数错误会导致秋桃数错误；而且，在逐株记载的过程中，会多上数据逐株相减的过程，多了一个出错的环节。再者，不排除因气候或病虫灾害，导致的成铃僵烂或脱落后影响记录和统计的情况。

为解决此类问题，在7月15日、8月15日田间调查时，分别对已经调查的伏前桃、伏桃的棉铃和果柄根部均涂上一点红油漆，以示区别。需要说明的是，上述方法经过十多年的使用，没有造成影响棉花生长或导致烂铃，效果不错。另外，大田调查三桃数也同样要涂红漆做标记。

4.蕾铃脱落率部分数据

《规范》蕾铃脱落率计算公式如下：

$$蕾铃脱落率（\%）=\frac{总蕾铃数-总铃数}{总蕾铃数}\times100\%$$

《规范》明确规定："在拔秆前，将40株样本拔回，数出样本植株上结果枝的果节数作为总蕾铃数。""样本总铃数（霜前、霜后收花铃数、僵烂铃和未成熟铃数）"。蕾铃脱落率，既包含了铃的脱落，又包含了蕾的脱落，公式的分子、分母中，都应该包含花、蕾的数目。就北方霜冻较早的地区，拔秆时，棉秆上可能只剩下成铃、僵烂铃和未成熟铃，但南方则不然。湖北省内，特别是南部地区，在拔秆取样后（尽管立秋前已经做了整枝打顶），样本上常常还有不少的花、蕾，这些花、蕾，基本上都要作为总果节数（总蕾铃数）进行统计的。因此，《规范》中，蕾铃脱落率的计算公式，改变了蕾铃脱落率本身的意义，分子中，"总蕾铃数-总铃数"表示将花、蕾均作为脱落进行了统计，导致南方蕾铃脱落率偏高。

总蕾铃数＝总铃数+蕾的总数+花的总数+脱落的总数

由此可得，正确的公式应该是观测员逐株数出脱落数（注意：棉花脱落有花蕾脱落和铃脱落两种）。

$$蕾铃脱落率（\%）=\frac{脱落数}{总蕾铃数}\times100\%$$

在产量结构考种时，因为落蕾大多数在现蕾后10～20d，建议总蕾铃数（总果节数）统计中忽略对10d以内的新生蕾的统计。

5.采用正确的纤维长取样与测量方法

纤维长（mm）：用分梳法在霜前花的籽棉中任取10瓣，在每瓣中任取1粒，共10粒。从籽棉逢线处将纤维左右梳成"蝶状"，平放在黑色物体上，测量多数纤维的长度，求出平均值。

测量多数纤维的长度，是指"蝶"的左翼和右翼的总长的一半（严格来说，要排除棉籽的宽度）。用分梳法在霜前花的籽棉中任取10瓣，在每瓣中任取1粒，共10粒；以黑绒板为依托，以种子的脊为中线，向左右分开棉纤维，然后梳成"蝶状"；先用稀齿梳梳通后，再用密齿梳，尽量避免梳落纤维。梳齐梳平后，用两手拇指与食指，将其紧贴在黑绒板上，注意籽粒尖端向下；用钢尺分别在纤维两端多数纤维的终点向内移半个籽粒宽度处刻划一印，量出二印宽度（mm）。求出10个长度的总和，除以20，便可得到纤维长结果。

第二节　棉花相关知识拓展

一、农药使用方法与种子包衣

农药使用方法因防治对象和农药的毒性、剂型等而异。譬如对为害植物地上部分的病虫，针对不同防治对象选择药剂，采用喷雾法、涂抹法、撒滴法等进行防治；防治地下害虫或土传、种传病害、线虫、杂草等施以土壤处理剂、包衣剂、颗粒剂、土壤熏蒸剂等，采用喷雾法、浸种法、拌种法、种子包衣法、土壤处理法、熏蒸法、涂抹法、颗粒撒施法进行防治。具体使用方法如下：①喷雾法。根据施药液量选择相应的喷雾器械进行喷雾。②浸种法。将种子浸在一定浓度的药水分散液里（药液高出种子10~15cm），一定时间后将种子取出晾干，对药剂耐受力差的种子还应按要求用清水冲洗后再晾干。③拌种法。用特定拌种设备将拌种药剂与种子按一定比例进行混合；拌种有干拌和湿拌两种，多用干拌法，拌好种子晾干后尽快播种。④种子包衣法。用专用的包衣设备将种衣剂包覆在种子表面形成一层牢固的种衣，是一种把防病、治虫、消毒、促长功能融为一体的种子处理技术。⑤土壤处理法。采用适宜的方法把农药施到土壤表面或表层中。⑥熏蒸法。用气态农药或在常温下乳油气化的农药在密闭空间对农产品、土壤等进行熏蒸处理，熏蒸结束后通风散气，再进行农事操作。⑦颗粒撒施法。将农药制成颗粒的形状直接撒入作物中、土壤中、水体中等的施药方法。如将颗粒撒入玉米心叶中。⑧涂抹法。用内吸药剂涂抹在植物地上部分茎、干局部的施药方法，有时加入黏着剂提高效果。⑨颗粒撒滴法。将农药专用剂型甩撒或滴入水田、水体中的方法。

种子包衣技术是1980年后我国继世界发达国家后开始研制推广的一项种子处理技术。魏丹等（2021）发明了一种有机硅大豆种子包衣剂由以下原料制成：以质量份计，杀菌剂和杀虫剂50~60；微量元素20~30；抗旱剂及生长调节剂2~6；分散剂2~5；乳化剂2~3；成膜剂4~6；警色剂2~4。杀菌剂和杀虫剂由质量比5∶3∶3的多菌灵、福美双、氟虫腈组成；微量元素由硼酸、硼砂、钼酸铵和硫酸镁组成，质量比依次为5∶5∶4∶10；所述抗旱剂及生长调节剂为海藻糖、有机硅制剂，其中，两者的质量比为2∶3；拌种量药种比为1∶（700~800）。该大豆种子包衣剂可有效控制发病率和苗期虫害，提高出苗率，促进根系生长，起到增产提质作用。

二、转基因棉花

转基因育种属于第一代分子育种技术，诞生于20世纪70年代，以分子生物学理论为基础，以重组DNA技术为核心，将高产、抗逆、抗病虫、提高营养品质等功能基因转入受体生物中，获得稳定遗传的新性状并培育新品种（林敏，2021）。转基因技术在农业领域已产业化应用20余年，被誉为人类科技史上应用速度最快的高新技术，同时也是当今世界争论最大的育种技术。在人类对农业生物驯化和改良过程中，基因起着决定性的作用，基因功能变异决定了农艺性状演化。数千年农业历史，就是人类筛选基因和改造基因的历史。20世纪兴起的转基因技术与传统杂交方法在本质上一脉相承，都是通过改变基因及其组成获得优良性状。转基因育种的优势在于可以实现跨物种的已知功能基因的定向高效转移，能够解决传统杂交方法不能解决的重大育种问题，是传统育种方法的重要补充和创新发展。

转基因棉花是指把其他物种中的有用基因导入棉花的基因组后，获得了该基因功能的棉花。包括转基因抗虫（病）棉、转基因抗除草剂棉、转基因优质长绒棉、转基因抗旱耐盐碱棉、转基因彩色棉花等。

自20世纪90年代以来，由于棉铃虫在我国大部分棉区持续性大暴发，给棉花生产带来了巨大的威胁，棉农谈"虫"色变。同时由于棉铃虫的大暴发，防虫治虫使棉花的生产成本增加，植棉的比较效益降低，促进了转基因抗虫棉的推广。

中国农业科学院棉花研究所棉花虫害防控与生物安全创新团队从分子和

蛋白水平研究了转苏云金芽孢杆菌（Bt）基因抗虫棉对非靶标害虫绿盲蝽的影响，发现解毒代谢基因和Bt蛋白受体可以作为评价抗虫棉对非靶标昆虫影响的新指标，为转基因抗虫棉的开发和商业化种植提供新的理论依据。

庆棉1号是安徽省农业科学院棉花研究所2013年以自育优质多抗新品系皖棉08D3为母本与国产抗虫棉品种GK19杂交，通过系谱法选育后代获得的春棉常规品种。2016年12月取得农业转基因生物安全证书（生产应用）[农基安证字（2016）第152号]，准许在长江流域进行生产应用（叶泗洪 等，2021）。安徽省种子管理总站委托中国农业科学院棉花研究所进行枯萎病、黄萎病抗性鉴定的结果为：2018年庆棉1号枯萎病病情指数为2.3，高抗枯萎病；黄萎病病情指数为20.6，耐黄萎病。

天然彩色棉花是采用杂交、基因转导等现代生物工程技术，培育出的一种在吐絮时就具有棕、绿等色彩的棉花，用其纺纱织布，可以免去繁杂的印染工序，降低生产成本，减少化学物质对人体的伤害。

三、棉花植株打顶意义与时间

棉花打顶可消除植株顶端生长优势，调节体内水分、养分的运输方向，使较多的养分供给生殖器官生长，减少无效果枝对水肥的徒耗，促进棉株多结铃、少脱落。打顶过早，上部果枝长势强，棉株呈伞状，田间郁蔽加重，通风透光不良，烂铃增加，赘芽丛生，增加后期整枝用工；打顶过晚，无效花蕾增多，吐絮成熟推迟，导致减产质劣。打顶时间应根据植株长势、地力、密度、品种和当地初霜期等确定。

棉花后期现的蕾从开花到吐絮需80d以上，为使植株顶部结的桃能在霜降前吐絮，应从初霜期往前推80~90d打顶。长势弱、密度大、地力差、生育期偏短的品种，打顶时间应适当提早；长势强、密度小、地力好、生育期偏长的品种，打顶时间应适当推迟。湖北棉区棉花打顶时间一般在立秋前后。

湖北棉区农民根据季节决定打顶轻重，即小暑小打顶（只摘去嫩尖），大暑打中顶（打去顶尖和一个小叶片），立秋打大顶（打去顶尖和两个叶片）。

打旁心即打去各个果枝的生长点。打旁心和打顶尖的道理一样，是为了改变果枝的顶端生长优势。控制棉株的横向生长，改善通风透光条件，调节果枝内的养分分配，增加坐铃率，促进早熟。

第三节 棉花的病虫害

棉花病虫害主要包括立枯病、枯萎病、黄萎病；地老虎、棉铃虫、红蜘蛛、盲蝽等。

一、棉花立枯病

棉花立枯病，俗称烂根、黑根病，在各地棉区均有发生，其寄主范围广，除为害棉花外，还能侵害200多种植物。据刘淑红等（2019）研究，在4—5月棉花播种至出苗期，由于寒流侵袭，每年都有若干次程度不同的降温，棉花幼苗抗逆力弱，在低温多雨之年易受病菌侵害，引起大量的烂种、病苗和死苗，进而影响棉花生产，造成棉田缺苗及生育延迟，影响棉田的合理密植及早熟高产，间接诱发中后期病害及铃病的发生，严重影响了棉花的产量和品质，造成实收面积减少。

棉花立枯病是棉花苗期重要的土传真菌病害之一。种子萌动还未出土之前，种子上和土壤上的病菌会引起烂种，侵害幼根、下胚轴的基部，导致烂芽。棉苗受害后，在近地面的茎基部产生黄褐色病斑，逐渐扩大产生凹陷，内缩腐烂，后变成黑褐色，严重时病部变细，病苗枯死或萎蔫倒伏（图3.5）。病株叶片一般不表现特殊症状，仅仅由于失水而表现枯萎，后病斑破碎脱落成穿孔状。成株期受害后叶上产生不规则黄褐色斑点，最后病斑破裂穿孔。现蕾开花期的棉株也能发病，多雨年份茎受害后，在茎基部形成黑褐色病斑，表皮破烂后，露出条木纤维，严重的茎折断而死，茎的发病部位有时形成瘤状肿起。

图3.5　棉花立枯病

气候条件是棉花立枯病发生的重要条件之一。低温阴雨易导致苗期病害发生；高温高湿有利于病菌的蔓延，特别是温度先高后骤然降低时，棉苗立枯病发生严重，造成大量病苗和死苗。

二、棉花黄萎病、枯萎病

棉花黄萎病、枯萎病是棉花生产上的主要病害，被棉农称为棉花的"癌症"，具有传播迅速、损失严重、防治困难等特点。

（一）棉花黄萎病

（1）落叶型。该菌系致病力强。病株叶片叶脉间或叶缘处突然出现褪绿萎蔫状，病叶由浅黄色迅速变为黄褐色，病株主茎顶梢侧枝顶端变褐枯死，病铃、苞叶变褐干枯，蕾、花、铃大量脱落，仅经10d左右病株成为光秆，纵剖病茎维管束变成黄褐色，严重的延续到植株顶部。

（2）枯斑型。叶片症状为局部枯斑或掌状枯斑，枯死后脱落，为中等致病力菌系所致。

（3）黄斑型。病菌致病力较弱，叶片出现黄色斑块，后扩展为掌状黄条斑，叶片不脱落。在久旱高温之后，遇暴雨或大水漫灌，叶部尚未出现症状，植株就突然萎蔫，叶片迅速脱落，棉株成为光秆，剖开病茎可见维管束变成淡褐色，这是黄萎病的急性型症状。

（二）棉花枯萎病

棉花枯萎病根据受害时期和严重程度，有以下4种类型。

（1）黄色网纹型。叶脉变黄，叶肉部分保持绿色，叶片局部或全部呈黄色的网纹状。

（2）紫红型或黄化型。叶片变紫红色或黄色，出现紫红色斑块，网纹不明显，并逐渐萎蔫枯死。

（3）青枯型。叶片急性失水，青枯萎蔫致死，有时仅半边植株青枯萎蔫。

（4）皱缩型。植株节间缩短，株型矮小，叶片深绿变厚皱缩不平。

（三）棉花黄萎病与枯萎病的区别（陈建军 等，1998）

（1）发病始期。黄萎病一般在现蕾后才开始发病，枯萎病子叶期就可开始发病。

（2）发病时期。黄萎病7—8月花铃期为发病高峰，枯萎病6月现蕾后就可出现发病高峰。

（3）叶形。黄萎病病株叶片大小正常，先从下部开始发病，后向上发展。叶肉褪色呈灰色或浅黄色，叶片看上去像西瓜皮的颜色和斑纹，叶缘向上翻。枯萎病病株的子叶和真叶出现黄色网纹，局部枯焦，严重的造成死苗，在不正常气候条件下出现紫红型和青枯型症状。

（4）株型。黄萎病的病株一般保持正常株型，不矮缩；枯萎病植株节间缩短，株型矮小。

（5）叶脉。黄萎病的病叶叶脉一般保持绿色；枯萎病的病叶叶脉变黄，出现黄色网纹（图3.6）。

（6）维管束颜色不同。黄萎病病株内部维管束变色较浅，呈黄褐色；枯萎病病株内部维管束变褐色或黑褐色。

图3.6　棉花黄萎病

三、棉花地老虎

棉花刚一播种，就会遭到地下害虫为害。地老虎为害特点：幼虫多从地面咬断幼苗，若主茎已硬化，则可爬到上部为害生长点。地老虎是一种典型的杂食性害虫；几乎对所有旱地作物的幼苗均能取食为害，常使受害作物缺苗断垄，甚至毁种重播（王祥忠，2011）。

（1）小地老虎（图3.7）。也叫土蚕、切根虫，全国各棉区均有发生。老熟幼虫体长37～47mm。体灰黑色，表皮极粗糙，体表布满大小不等的颗粒。臀板黄褐色，有2条深褐色纵带。

（2）黄地老虎（图3.7）。主要分布在西北内陆棉区和黄河流域棉区，为害习性与小地老虎相似。老熟幼虫体长33～45mm，头部黄褐色，体淡黄褐色，背面有浅色条纹但不明显，表皮多皱纹，颗粒不明显。臀板具2大块黄褐色斑，中间断开。

图3.7　棉花小地老虎（左）和黄地老虎（右）

四、棉花棉铃虫（河南省植保植检站，2015）[415]

棉铃虫幼虫共6龄。老熟幼虫体长40～45mm，头部黄褐色，有不规则的黄褐色网状云斑，气门线白色，体背有十几条细纵线条，各腹节上有刚毛疣12个，刚毛较长。体色变化多，大致分为黄白色型、黄色红斑型、灰褐色型、土黄色型、淡红色型、绿色型、黑色型、咖啡色型、绿褐色型等类型。

棉铃虫，又叫钻桃虫、钻心虫，是一种世界性农业害虫，也是棉花种植区蕾铃期害虫的优势种，为害严重的地块棉株嫩顶和幼蕾被害率高达90%，个别地块甚致将棉叶吃光，形成光秆。

棉铃虫的幼虫（图3.8）食害嫩叶成缺刻或孔洞；棉蕾受害后苞叶张开变黄，蕾的下部有蛀孔，直径约5mm，不圆整，蕾内无粪便，蕾外有粒状粪便，蕾苞叶张开变成黄褐色，2～3d后即脱落。青铃受害时，铃的基部有蛀孔，孔径粗大，近圆形，粪便堆积在蛀孔之外，赤褐色，铃内被食去一室或多室的棉籽和纤维，未吃的纤维和种子呈水渍状，成烂铃。

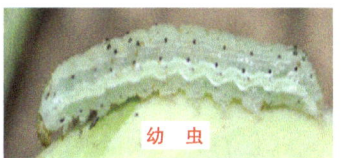
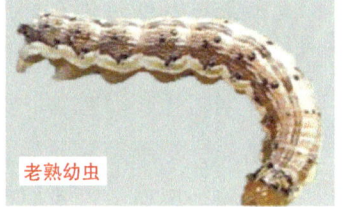

图3.8 棉花棉铃虫

五、棉花红蜘蛛

棉花红蜘蛛，又叫棉叶螨、火龙。全国各棉区均有发生，棉花红蜘蛛的雌虫椭圆形，长约0.5mm。体色有红色、锈红色、淡黄色等多种（王祥忠，2011）。棉花红蜘蛛为害后，叶片出现小红点；为害严重时，红叶面积扩大，棉叶和蕾铃大量焦枯脱落，状如火烧（图3.9）。

李桂琴等（2011）指出，棉红蜘蛛喜高温干燥条件，在26～30℃下发育速度最快，繁殖力最强，取食为害最烈。每年7—8月新疆金塔县气温持续偏高，干旱少雨，平均气温23～24℃，月降水量在150mm以下，加之多风天气，促使棉叶螨在田间迅速扩散蔓延成灾。

图3.9 若螨、成螨群聚于叶背吸取汁液

六、棉盲蝽

棉盲蝽是为害棉花的多种盲蝽的总称,属于半翅目,盲蝽科,是我国棉花主要害虫之一。它的主要成员有绿盲蝽、中黑盲蝽、苜蓿盲蝽等。一般为害较重的地区,棉花损失达20%~30%(李玉林,2009)。

棉盲蝽以成虫、若虫吸食棉株汁液,造成棉花破头、枝叶丛生、破叶、蕾铃脱落等。在子叶期,生长点被害,则生长点变黑、干枯,不再生长;真叶出现后,顶芽受害枯死,则不定芽丛生,变成"多头棉";嫩叶受害,则被害处初呈小黑点,后扩展为黑斑,严重时叶展开后大量破碎,被称为"破叶疯";在蕾铃期,幼蕾、幼铃被害后先变成黄褐色,后干枯脱落。

中黑盲蝽主要分布在黄河流域和长江流域棉区。在长江流域地区大部分一年发生4代,下游棉区有时发生5代。4—5月中黑盲蝽越冬卵孵化后,一般就地选择寄主,5月下旬开始迁入棉田。若虫行动快,而且隐蔽。成虫喜欢在正在开花的植物上为害,以棉花、大豆、苜蓿、胡萝卜、马铃薯、向日葵等为寄主。6月下旬至8月是2~4代中黑盲蝽在棉田的发生高峰期。和绿盲蝽一样,8月下旬棉株花蕾减少,又逐渐迁入正在开花的其他植物上为害。9月开始产卵越冬,每个雌虫一生可产卵70~80粒。

湖北棉区主要是绿盲蝽和中黑盲蝽,一般前期(蕾花期及苗期)以绿盲蝽为主,随后中黑盲蝽成为优势种。中黑盲蝽(图3.10)成虫体长约7mm,身体表面覆盖一层褐色茸毛,头部呈三角形。触角4节比身体长,前胸背板近中央有2个小黑圆点。两翅靠拢时,身体中央呈现出一条黑褐色的带,因此称其为"中黑盲蝽"。

图3.10 棉盲蝽

七、棉小造桥虫

棉小造桥虫以幼虫啃食棉花叶片,造成孔洞或缺刻。严重时,叶片、蕾、花和苞叶全部被吃光。棉铃受害后,青铃不能充分成熟(河南省植保植检站,2015)[440]。

幼虫体色多为灰绿色或青绿色,身体各节有褐色刺毛,有白色的亚背线、气门上线和气门下线。胸足3对,3对腹足着生于4~6腹节上,尾足1对,第1~3腹节常隆起呈桥状(图3.11)。

据盛保兰(1965)早年研究,山东7月中下旬,平均气温28℃以上、相对湿度85%,棉小造桥虫第2代偏重发生;8月,平均气温25℃以上、相对湿度85%、降水量约200mm以上,棉小造桥虫第3代偏重发生。

图3.11 棉小造桥虫

第四节 棉花的农业气象灾害

棉花农业气象灾害主要包括高温干旱、阴雨寡照等。

一、高温干旱

(一)高温干旱对棉花的影响

棉花虽然是较耐旱作物,但干旱对其生长、发育以及产量、产品质量都有很大的影响。棉籽出苗要求有充足的土壤水分,水分不足,出苗减慢;严重缺水则不能出苗。

幼苗期植株小，叶片少，耗水不多，轻度干旱对它的影响不大，严重干旱会造成生长缓慢，发育期推迟。

现蕾期需水较多，抗旱能力减弱。在砂壤土中，根层土壤重量含水率小于13%时，生长会受到抑制，表现出生长缓慢、发棵困难，株型矮小；小于10%时，则出现轻度萎蔫，影响果枝的形成，使后期结桃数减少。

开花结铃期植株生长旺盛，需水量大，抗旱能力低，土壤轻度缺水就对植株造成不利的影响。在植株外观上表现出萎蔫之前，内部的生理代谢过程就已经发生深刻的变化，特别是物质代谢向分解方向变化，有机物质向棉铃的输送减少，激素合成紊乱，乙烯释放量显著增加。土壤进一步变干，棉株发生萎蔫，顶部3~4片叶下垂，叶色变暗，光合作用显著减弱，呼吸作用加强，乙烯大量释放，脱落酸含量剧增，蕾铃开始脱落，铃重增大速率减慢，导致减产。

吐絮期是个体发育的最后一个阶段，叶和根都趋向老化，吸收肥水的能力降低。如果此时发生干旱，会加速植株衰老，缩短功能叶的寿命，减弱光合作用和有机物质的合成。

高温是棉花蕾铃脱落的重要原因，在气温>33℃时，棉花的光合作用延缓；当气温≥36℃时，光合作用接近于零，呼吸作用增强，植物有机体内的养分消耗增加，从而引起幼铃或花蕾的脱落。高温降低花粉生活力，易使子房不孕，这也是棉花蕾铃脱落的重要原因。

高温还提高了棉叶的蒸腾程度。如果高温叠加干旱，导致棉株水分供应不足，光合产物减少，体内糖分积累降低，生长势减弱，限制棉株的营养生长，造成株型矮小，影响花蕾形成。严重干旱时，致使棉株失水萎蔫直至死亡。高温干旱土壤水分不足，影响土壤中肥效的发挥，减少了对无机盐的吸收和有机养料的制造。

（二）高温干旱时空分布

湖北各地均可发生高温干旱。按历史上一年之中各个不同时段降水量的偏少程度，可将湖北省分成5个干旱区：一是鄂东北和鄂中丘陵干旱严重区，该区以伏秋旱为主，出现次数多、持续时间长；二是鄂西北干旱频繁区，该区一年四季干旱频繁，但以春旱和夏旱出现多、时间长；三是鄂东南干旱区，该区雨量多而分配不均，常常是春夏多涝，伏秋多旱；四是江汉平原次旱区，该区春、初夏多雨少旱，以伏秋旱为主，但因地势低平，河流湖泊多，加上水利条件较好，使干旱减轻；五是鄂西南轻旱区，该区春、夏、伏、秋各段雨多旱少，且持续时间短，旱情在全省最轻，为轻旱区（湖北省农业厅 等，2009）[30]。干旱按发生季节可分为：春旱、初夏旱、伏旱、秋旱、冬旱和季节连旱（如冬春连旱、夏秋连旱、秋冬春三季连旱等）。对湖北省棉花生产为害最大的是春旱和初夏旱、伏旱和伏秋连旱。

1. 春旱和初夏旱

各地春旱和初夏旱发生频次的等值线走向基本呈纬向，即南少北多。鄂西北、鄂北岗地及荆门—钟祥—京山一线（即北纬31°）以北地区春旱发生频率为27%～57%，为春旱多发地区，占该地区干旱总频次的30%～50%；鄂西南和鄂东南发生频次最低，仅为0%～3%；其他地区7%～17%。历史上春旱范围大而较严重的年份有1962年、1966年、1981年、1988年以及超百日大春旱的2000年；鄂北较严重的春旱有1961年、1965年、1978年及1986年。1988年鄂北大部分地区水分亏缺高达125mm，造成田地龟裂，人畜饮水困难，湖北省受旱面积达133万hm^2。2000年的春旱连初夏旱的为害比1988年更严重，2月至5月23日总降水量大部分地区为历史同期最少，全省作物受旱面积278.7万hm^2，成灾面积151.3万hm^2，各类农业经济损失达66.8亿元。

2. 伏旱和伏秋连旱

伏旱或伏秋连旱是湖北省频次出现最多，受旱范围最广，持续时间最长，气温最高，蒸发量最强，灾害最严重的旱害。伏旱多出现在7月中旬以后，但少数年份因梅雨结束过早和空梅，伏旱便开始。伏秋干旱的分布呈经向，东多西少，最多的是鄂东北和鄂中沿江地区；其次是江汉平原，发生频次要占该地区干旱总频次的40%～70%，鄂西为20%～30%，鄂西南发生频次为7～13次，且多为小旱。严重年份7—9月的水分亏缺量高达250～300mm，而此时正值棉花生长旺盛期，需水量大（150～180mm／月），同时气温高，又加快了土壤水分的蒸发，只要十天半月不下透雨，旱象就会露头。在鄂东北和鄂中等丘陵岗地持续时间长的伏秋干旱，棉花枯萎，无伏前桃、伏桃，蕾铃脱落，早衰严重，造成减产，尤其是水利条件差的丘陵岗地常常导致棉花绝收。

二、阴雨寡照

棉花抗阴雨寡照能力较弱，春播时降水过多，土壤过湿，种子缺氧而霉烂，造成缺苗断垄。苗期湿害根系生长弱，分布浅，地上部分生长不健壮，现蕾推迟，严重的生长停滞甚至大量死苗。

蕾铃期对水分过多更加敏感，轻者棉株生长过旺，过早封垄，减弱通风透光，加大株间空气湿度，有利于病害蔓延，重者引起蕾铃脱落。

开花时遇雨会冲走花粉或使花粉吸水破裂，花蕊因不能受精而脱落，开花期间雨越大、越猛，持续时间越长，幼铃脱落越严重。

成熟初期，遇到降水过多，轻者棉株贪青，延迟裂铃，减少霜前花，而且棉田空气湿度大，利于病菌繁殖，造成烂铃，重者植株早衰，逐渐死亡。吐絮期纤维进一步成熟，要求充足的阳光和较低的湿度，这时雨水过多会影响纤维脱水，不能正常成熟而降低品质。

江汉平原对棉花危害最大的是秋季阴雨寡照。气象指标为9月降水量较常年偏多，若降水量超过140mm会引起烂铃，若降水量超过210mm会导致棉花严重减产。江汉平原发生一般程度的秋季阴雨寡照年份有1961年、1967年、1968年、1970年、1974年、1982年、1988年、2017年，发生严重秋季阴雨寡照的年份有1973年、2000年、2013年。

第四章 油 菜

第一节 油菜的生长与基本要素观测

一、油菜的类型

油菜是十字花科植物，种类繁多。我国栽培的油菜，按其形态和特性可分为三大类型：芥菜型，白菜型，甘蓝型。

（一）芥菜型油菜

芥菜型油菜，俗称高油菜、苦油菜、辣油菜或大油菜。植株高大，株型松散，叶色深绿或紫绿，叶面一般皱缩，且具刺毛和蜡粉，叶缘有锯齿。薹茎叶具短叶柄不抱茎，基部叶有小裂片和花叶。花淡黄色或白黄色，花瓣小，开花时四瓣分离。具自交亲和性，自交结实率高达70%~80%或以上，属常异交作物。角果细而短，籽粒小，千粒重1~2g，种子有重辛辣味。含油量一般为30%~35%，大叶芥油菜和细叶芥油菜是芥菜的两个油用变种。种皮有呈黄、红、褐色等。生育期中等，为160~210d，产量不高，但抗旱、抗寒、耐瘠性较强，适宜在山区、寒冷地带种植，在我国西南、西北等地种植较多，也可作调料和香料作物。

（二）白菜型油菜

白菜型油菜，又称小油菜，包括北方小油菜、南方油白菜和北方油白菜。植株一般比较矮小，叶色绿色至淡绿，上部薹茎叶无柄，叶基部全抱茎。花色淡黄至深黄，花瓣圆形较大，开花时花瓣两侧相互重叠。自然异交率为75%~95%，属典型的异花授粉作物。角果较肥大，果喙显著，种子大小不一，千粒重2～3g，种皮有黄色、黄褐色、褐色，种子含油量一般在35%～45%。生育期较短，为150～200d。易感染病毒病和霜霉病，产量较低，适宜在季节短、低肥水平下栽培，并可作蔬菜和榨油兼用作物。

（三）甘蓝型油菜

甘蓝型油菜，又称洋油菜、番油菜等，来自欧洲和日本。植株高大或中等，枝繁叶茂。叶色蓝绿似甘蓝，多密被蜡粉，薹茎叶无柄半抱茎，基部叶有琴状裂片或花叶。花瓣大、黄色，开花时花瓣两侧重叠，自交结实率一般在60%以上，属常异交作物。角果较长，籽粒较大，千粒重3～4g，种皮黑褐色，种子含油量35%～45%。生育期较长，为170～230d，增产潜力大，抗病毒病和霜霉病能力强。耐寒、耐肥，适应性广。我国油菜产区均有栽培，目前我国南方冬油菜区已经逐渐用甘蓝型油菜代替了白菜型油菜，八成以上面积为甘蓝型油菜。

二、油菜基本要素观测知识点

（一）油菜的叶、茎与发育期

1. 油菜的叶

油菜是双子叶植物，根据种子中子叶数目的不同，绿色开花植物可以分成双子叶植物和单子叶植物两大类。两片卵圆形的叶为子叶，另外的为真叶（图4.1）。共有三种叶：长柄叶叶柄明显，基部两侧无叶翅；短柄叶叶柄基部两侧具有明显的叶翅；没有叶柄的为无柄叶。

2. 油菜的茎

甘蓝型油菜的主茎可根据节间长度和茎的叶片特征分为三部分：缩茎段、伸长茎段和薹茎段（图4.2）。

图4.1　油菜的子叶和真叶

（1）缩茎段。位于主茎的基部，节间短缩密集，圆形无棱，着生长柄叶。冬油菜都有明显的缩茎段,而春油菜的缩茎段不明显。缩茎段的节间在正常栽培条件下不伸长。当苗床密度过大时,苗龄过长,肥料和水分充足时,造成节间伸长常导致幼苗形成高脚苗,降低菜苗的抗寒能力。发生缩茎段的受冻纵裂现象,并且在严重的情况下也会导致茎段断裂。

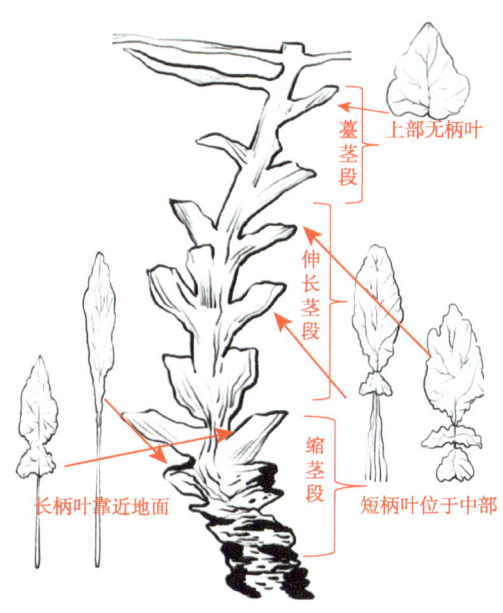

图4.2　甘蓝型油菜茎叶关系

（2）伸长茎段。位于主茎中部,节间由下而上依次由短变长,各节上着生短柄叶。

（3）薹茎段。位于主茎上部,节间由下而上依次由长变短,顶端着生主花序轴;节上着生无柄叶,叶柄基部与茎相接处较平整,多呈圆弧状,叶痕较窄,中部仰拱两端平伸。

油菜现蕾期,植株顶部拨开幼叶,可见花苞。长柄叶靠近地面,最上部为无柄叶,短柄叶位于两者之间（图4.3）。

3.油菜抽薹与高脚苗的差别

油菜高脚苗（图4.4）,叶片均为长柄叶与短柄叶,属于缩茎段和伸长茎段,没有无柄叶也就没有薹茎段,不能误认为是抽薹。

图4.3 油菜现蕾期　　图4.4 油菜高脚苗

（二）油菜观测中各要素内在关系与矛盾

油菜的产量结构分析中，有株荚果数、株籽粒重、千粒重、理论产量、茎秆重、籽粒与茎秆比，共6项。

油菜的产量因素观测中，包含一次分枝数、荚果数。

油菜的密度观测中，包含成活（定苗）、绿熟株数。撒播油菜一般在五真叶期观测密度。

1. "理论产量/茎秆重"约等于"籽粒与茎秆比"

油菜的籽粒与茎秆比、茎秆重、籽粒重、理论产量等产量结构分析项目均来源于同一样本，"理论产量/茎秆重"应该约等于"籽粒与茎秆比"。

由《规范》：

$$茎秆重 = 密度 \times 样本茎秆重 / 样本株数$$

$$株籽粒重 = 样本籽粒重 / 样本株数$$

$$籽粒与茎秆比 = 样本籽粒重 / 样本茎秆重$$

$$理论产量 = 密度 \times 株籽粒重$$

所以：

$$理论产量/茎秆重 = 密度 \times 株籽粒重 / （密度 \times 样本茎秆重/样本株数）$$

$$= （样本株数 \times 株籽粒重）/样本茎秆重 = 样本籽粒重/样本茎秆重$$

$$= 籽粒与茎秆比$$

最终可得：

$$理论产量/茎秆重=籽粒与茎秆比$$

考虑计算过程中四舍五入的影响，"理论产量/茎秆重"和"籽粒与茎秆比"应该是基本相等。从实际应用的影响情况看，两者的差别小于10%。

2. 反推的绿熟密度与实测的绿熟密度差别不能偏大

由《规范》：

$$理论产量=绿熟密度×株籽粒重$$

可推算：

$$绿熟密度^*=理论产量/株籽粒重$$

考虑诸要素计算过程中四舍五入的影响，将估算值范围进一步扩大处理：

$$绿熟密度^*-0.03≤绿熟密度≤绿熟密度^*+0.03$$

绿熟密度超出上面范围，可对绿熟密度和相关要素提出质疑。

第二节　油菜相关知识拓展

一、"双低"油菜

油菜"双低"指低芥酸、低硫苷。国家标准是油品中芥酸含量低于3%，菜籽中硫苷含量应低于30μmol/g（刘卫华 等，2021）。

油菜品质改良目标为选育高油分、高油酸、高亚油酸、低芥酸、低硫苷等品种。传统油菜的菜籽中存在高芥酸、高硫苷现象，其榨油后的菜籽饼粕中硫苷含量较高，不利于人体和动物健康。继国外实现甘蓝型油菜低芥酸与低硫苷品种的选育后，20世纪80年代以来，我国也开展了双低油菜选育工作，油菜"双低"标准提高到芥酸含量低于1%，菜籽中硫苷含量应低于25μmol/g（顾思凯，2018）。

二、油菜的一种两收——薹油两用油菜

自古以来，我国就有食用油菜薹的习惯，且对植物食用油、蔬菜的需求量

很大；特别是冬季，作物生长速度缓慢、可用于蔬菜生产的土地资源有限，发展薹油两用油菜，可以缓解蔬菜、油料作物争地矛盾（王燕 等，2007）。

薹油两用油菜（图4.5）的栽培历史悠久，我国早期的采薹油菜栽培以白菜型油菜品种为主，白菜型油菜品种因其菜薹甘甜，与白菜薹没有差异，成为人们采摘菜薹食用的品种。但由于当时白菜型油菜品种的菜籽产量较低，采薹对油菜产量影响很大，生产中未予大面积应用。双低甘蓝型油菜品种选育成功后，人们发现：双低甘蓝型油菜菜薹的食味得到改善，某些"双低甘蓝型油菜"品种不仅其菜薹具有良好的食用口味，而且采薹后仍具有较高的菜籽产量。菜薹经济价值较高，发展菜油两用油菜可以大大提高冬季农业生产的效益。

类似"洪山菜薹"的"紫菜薹"从10月下旬开始上市，白菜薹要到12月底才能上市。而早播的薹油两用油菜在10月就开始抽薹，11月即可采摘上市，以满足市场需求。一种两收油菜品种为甘蓝型油菜，菜薹叶色翠绿、薹茎粗壮、纤维含量少、可溶性固形物的含量高、维生素C含量高，食用时口感清脆、风味厚重，很受消费者欢迎。此外，油菜菜薹若用于干制加工，其晒干率比普通白菜薹高30%。

摘薹标准：薹高30~40cm（平头期）摘主茎薹，摘薹长度15~20cm；分枝薹蕾直径2~3cm时，每株摘4~6个一次分枝薹，摘薹长度15cm左右。建议在晴好天气摘薹。

长江流域冬油菜区是我国油菜的主要产区，种植面积超过600万hm^2，占全国油菜总面积的80%以上。该区油菜生长季节雨量充沛、日照充足，非常适宜油菜生长。由于该区人口密度大、人均耕地面积少、人力资源丰富、劳动者素质较高，适宜发展薹油两用油菜的生产。

图4.5 薹油两用油菜"薹油1号"（高建芹 等，2020）

三、油菜堆捂收割法

油菜的收获方式除了直接收获外,堆捂收割法也是农村常用的方法。在有比较准确的中期天气预报的条件下,堆捂收割法是油菜收获错开阴雨天气,趋利避害,减少损失,使油菜既丰产又丰收的一种好方法(尹可鉴,2012)。

油菜堆捂收割方法具有提高籽粒饱满度、改善品质的作用,而且提早收割,可以解决茬口矛盾,并且经过一段时间后熟进行脱粒的油菜籽,其产量和品质均可达到较高的水平,可避免过早或过迟收获造成的损失。

1. 最佳收获期

为了避免过早收获造成油菜籽产量低,质量下降或过迟收获会致使油菜角果成熟过度而造成种子散落损失,则可以根据以下3个要素来判断油菜的最佳收获期。

(1)全田油菜植株成熟度。全田70%~80%的植株已经黄熟,大部分叶片由绿变黄并开始干枯脱落。

(2)角果的颜色。主序角果呈正常黄色,大部分分枝角果开始褪色而变为黄绿色,并富有光泽,整田油菜角果呈半青半黄色,分枝上部只有少数角果呈绿色。

(3)籽粒色泽。大多数角果内籽粒的颜色已由淡绿转为黑褐色,且籽粒饱满、已具有本品种固有的光泽。

2. 收割方法

无论是任何油菜品种,收获均应在早晨带露水收割,以防主轴和上部分枝角果裂角落粒。收获过程力争做到"四轻"(轻割、轻放、轻捆、轻运),力求在每个环节上把损失降到最低限度。油菜收割时,边收、边堆,宜在田间及地头便于管理的地方堆捂,以防裂角落粒。

3. 堆垛与成熟

由于油菜在七八成熟时收获,为促进部分未完全成熟的角果的后熟,应将收获后的油菜及时堆捂后熟。若直接散放田间晾晒,角果皮将会迅速失水变干,茎秆和角果皮中的营养物质不能再向籽粒运输,角果秕粒增多,降低产量和品质。据调查,八成熟的油菜收后,直接晾晒的比堆垛后熟的产量降低4.9%~6.3%,含油量降低1.3%~2.1%。堆垛的方法有圆柱形、方形等,无论选择哪种垛形，都要选择在地势较高、不积水的地方进行堆垛。为避免垛下积水，应在垛下垫以捆好的角果向上的油菜捆或废木料等，以利排水、防潮和防止菜籽霉变。为了便于油菜茎秆和角果中的养分继续向种子运输，堆放油菜时，应把角果放在垛内，茎秆朝垛外，以利后熟。

4.脱粒

经过堆放6~8d的油菜，角果经果胶酶分解，角果皮裂开，菜籽已与角果皮脱离。这时，可选择晴朗的天气，抓紧时间摊晒、碾打、脱粒、扬净，当油菜籽水分降到8%~9%时即可入库。

第三节　油菜的病虫害

一、油菜蚜虫

为害油菜的蚜虫主要有萝卜蚜、桃蚜和甘蓝蚜，三种蚜虫分布广泛，寄主作物多，为油菜上常发性害虫，不仅刺吸养分，而且可传播多种病毒病，为害油菜安全生长，以成若蚜群集于油菜心叶、叶背、嫩茎、花梗、嫩角等处（图4.6），刺吸汁液和水分，使受害叶发黄、卷缩，生长不良。嫩茎和花梗受害，多呈畸形，影响抽薹、开花和结实，严重时造成花序枯死。蚜虫还是多种病毒病的传播媒介，造成的损失远大于直接刺吸为害（杨荣明，2014）。

李德友等（2010）研究认为，油菜蚜虫在气候寒冷、低温冰凌条件下不适宜其生长繁殖，虫口基数较低，不易大发生造成为害。气候温暖、较干旱条件易发生而造成为害。冬季前期相对气温较高，蚜虫虫口也较高；春季至夏初气候温暖，尤其是干旱季节，最适于蚜虫的生长繁殖，易导致大发生。以2008年1月下旬至2月上旬特大冰凌灾害后，发生率和虫口数最低，为害轻。2010年气候温暖，春季严重干旱，油菜蚜虫发生率和虫口数最高特重时，100块地块发生率为47%。叶片背面、主秆、枝梢100个视野虫量达4 000头，造成严重损失。油菜蚜虫在环境条件好时产生无翅蚜，就地为害；环境变劣产生有翅蚜，迁飞扩散到其他地方为害，同时传播病毒病。

图4.6 油菜蚜虫集结在上部的嫩荚上[1]

二、霜霉病

油菜霜霉病是由寄生叉霜霉菌侵染引起的一种真菌性病害,是仅次于油菜菌核病的又一大病害。以为害叶片为主,同时也为害茎、花梗和种荚。初期在叶片正面产生淡绿色的病斑,以后逐渐转变成黄色或黄褐色,形成不规则形式多角形的病斑,在叶片的反面形成霜状的白霉(图4.7),不久整个叶片干枯变黄;为害茎杆,造成局部扭曲或膨胀;侵染花器,造成花器过于肥大,花瓣变成绿色,经久不凋;侵染使种荚细小弯曲,结实小或不结实。霜霉病严重油菜抽薹后期和盛花期的花轴受害后,往往严重肿大弯曲成"龙头拐"状。

图4.7 油菜霜霉病[2]

---

[1] 图片来源:https://www.nongyao001.com/insects/show-126917.html。
[2] 图片来源:https://www.sohu.com/a/319385177_660468。

据周传宝等（1995）研究，植株染病最早是在秋季，经过越夏的卵孢子或孢子囊在秋季萌发直接侵入幼苗。一般年份冬前病株率不足8%，并以菌丝体在植株体内潜伏越冬，到了翌年的2月中旬至4月中旬，随着温度的上升和降水量的增大，潜伏的菌丝开始在细胞间扩展，引起寄主组织病变，并长出白色的孢囊梗，从气孔内部伸出。孢囊梗上长出的孢子囊，孢子囊借风雨或气流传播，进行再侵染，形成流行为害高峰期。连续阴雨，气温在12~26℃，相对湿度在80%左右，对病害发生流行有利。

三、菌核病

油菜菌核病是一种世界性病害，在我国所有油菜产区均有发生，尤以长江流域最为严重，发病率为10%~80%，造成产量损失10%~70%，有的甚至绝收。其寄主有大豆、花生、向日葵及多种蔬菜等（戴钦，2016）。

油菜苗期及成株期均可遭受菌核病的为害，一般开花期以后发病最为严重，轻病株提早枯熟或部分枯死，种子不饱满，含油率和产量降低；重病株全株枯死；在油菜倒伏的情况下，该病害发生尤其严重。不同阶段的发生症状有所不同：一是苗期发病。有红褐色斑点着生于根颈和叶柄上，后逐渐变成白色，病变组织腐烂变软，病部形成黑色菌核，有白色菌丝。二是成株期发病。不同部位感病其症状有所不同：①叶片发病。起初在植株下部的衰老叶片上生有暗青色水渍状斑块，后逐渐扩展成灰褐色或黄褐色圆形或不规则形大斑，有同心轮纹，外缘有黄色晕圈，当外界湿度小时，病斑破裂穿孔，潮湿时病斑迅速扩展，导致全叶腐烂。②茎部发病。初在主茎中下部现水渍状病斑，病斑绕茎，浅褐色，椭圆形或菱形，略凹陷，边缘褐色，中部白色。病害严重时，有絮状菌丝长满病茎，故而被称为霉秆、白秆等，剥开已经干枯或提早枯熟的植株，可见维管束外露，茎髓被蚀空，有黑色鼠屎状菌核在茎内形成。③花瓣发病。花瓣易感病，产生水渍状斑，易脱落。潮湿时，病花瓣迅速腐烂。④角果发病。有不规则白色病斑形成，种子表面粗糙，灰白色无光泽，干瘪，有鼠粪状菌核在角果上形成（图4.8）。尹才秀等（2013）指出，油菜菌核病的发生与相对湿度、降水量、气温、雨日数、日照和风速等气象因子相关，其中以降雨和湿度对其影响最大。油菜花期如果旬降雨量超过50mm，则发病较重，如果同时气温较高，则发病更重。

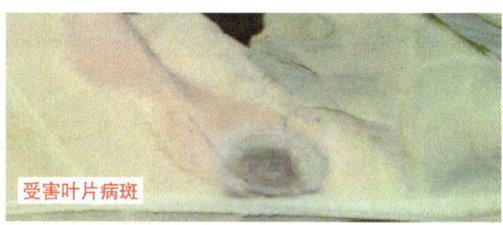

图4.8 油菜菌核病

第四节 油菜的农业气象灾害

一、低温阴雨、高温少雨及油菜分段结实

湖北省连阴雨等级标准（DB42/T 1374—2018）是连续4d或以上日降雨量大于0.1mm，连续4~6d程度定义为轻；连续7~9d程度定义为中，连续10d以上则为重度连阴雨。农谚有"春寒雨纠纠"之说，春季连阴雨往往伴随低温，除了对油菜结荚成熟收获影响较大、诱发油菜菌核病外，还会影响授粉受精，花粉活力降低，影响胚珠正常发育，产生不结籽或少结籽的角果，也就是出现油菜分段结实的现象。

湖北省各地春季连阴雨出现频次差异显著，其中，以鄂西南最多，江汉平原、鄂东次之，鄂西北最少（湖北省农业厅 等，2009）[25]。对1960—2005年46年中的春季（3—4月）连阴雨统计显示，3—4月鄂西北共出现50~100次连阴雨，平均每年有1~2次；鄂西南共出现150~220次，平均每年出现3~4次；江汉平原、鄂东共出现100~150次，平均每年出现2~3次，出现频率是相当高的。不过，造成灾害比较严重的10d以上的长连阴雨的出现次数就大为减少，为23次，平均两年一遇。

高温少雨或低温阴雨是油菜分段结实的气候原因。油菜开花结角的最适宜平均气温为18~22℃，当平均气温高于25℃，花器构造发育可能不正常，花瓣缩小，不能正常展开；如果加上干旱少雨，还会使光合作用和蒸腾作用失去平衡。当平均气温低于9℃，又会影响授粉受精，花粉活力降低，影响胚珠正常发育，产生不结籽或少结籽的角果。

油菜分段结实的症状：有效花序段部分花蕾尚未开放，即黄化脱落；或能正常开花，不能正常发育结实的角果，即枯萎脱落。在花序主轴上表现为部分段花蕾脱落或角果异常，如有的花即使能发育成角果，但都是仅有1~5粒的角果，与萝卜角果的短粗形状相似（缪文，2014）。

另外，土壤缺硼（土壤中有效硼低于0.3mg/kg）、偏施氮肥、田间管理不当、病虫害为害，均可能造成油菜的分段结实（图4.9）。

图4.9 油菜的分段结实[①]

江汉平原因高温少雨引起的分段结实并不常见，绝大部分出现的分段结实现象均是由低温阴雨引起的。以3月日平均气温低于9℃，且过程最低气温低于5℃为一次油菜分段结实低温阴雨过程。统计荆州市1960—2021年油菜分段结实低温阴雨过程的发生次数与持续天数，仅1995年、2000年、2008年没有发生油菜分段结实的低温阴雨，其他年份均有发生；低温阴雨持续最长达20d（1970年、1980年）；低温阴雨期间最低气温低于0℃有13年，占21.3%。从变化趋势来看，低温阴雨发生次数变化趋势不显著，持续天数呈显著减少趋势（图4.10）。

---

① 图片来源：http://blog.sina.com.cn/s/blog_4de1a1d60100fic1.html；https://www.toutiao.com/i6599477126921978382/?wid=1627901927899。

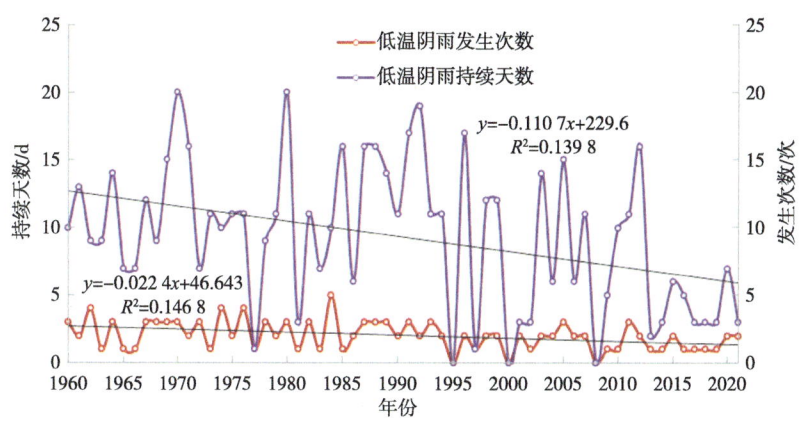

图4.10　荆州1960—2021年油菜分段结实低温阴雨过程的发生次数与持续天数

二、大风致油菜倒伏返花

胡正军等（2005）研究表明，油菜倒伏多发生于结荚期，少部分发生在始花期，大部分发生在盛花期。大风大雨天气使油菜发生倒伏或主花序顶端花蕾折断，后期因气温高，去除了顶端优势的油菜，主茎或一次分枝上的潜伏芽萌发造成返花。

2010年，江汉平原因冬春气候异常所致种植油菜出现倒伏现象，倒伏面积达20%，而且倒伏田块出现"返花"现象。究其原因，主要包括以下4个方面。

一是苗期干旱、入冬偏早，营养生长不良，导致油菜根基不牢。2009年9月至2010年2月，降水量为212.7mm，较常年偏少3.2%，播种期与苗期严重缺墒。加之2009年入冬时间较常年提前20余天，使播种、移栽的油菜，生育期推迟、长势差，没有达到油菜高产所要求的"秋发冬壮"标准，抑制了根系深扎多发，根基不牢易倒伏。

二是进入生殖生长期，"温、水、肥"碰头，部分田块疯长，油菜植株头重脚轻。进入3—4月生殖生长期，降水明显增多，为236.5mm，较常年偏多2.3%。同时，3月平均气温10.6℃，较常年偏高0.2℃，在气温较高时水分充足，加之前期长势差，一些农户增施速效氮肥，一度"温、水、肥"碰头，出现疯长，油菜植株头重脚轻，易倒伏。

三是疯长后遭遇冷空气早衰，频遭大风袭击出现倒伏。3月下旬至4月冷暖空气交锋频繁，4月平均气温15.1℃，较常年偏低1.4℃，尤其是4月11—15日平均气温降至9.6℃，极端最低气温只2.4℃，油菜生理伤害严重，出现早衰；加之多冷空气南侵或强对流性灾害天气，植株不壮实，油菜出现大面积倒伏现象。倒伏植株由于气温升高，湿度较大，第一分枝又分枝，出现返花。

三、低温冻害

冬季油菜生长起点温度3℃以上，适宜温度4～8℃，极端最低气温-8℃以上。油菜苗期，当气温下降至-5℃以下时，夜间根际土壤结冰，体积膨大将根抬起；白天气温升高，冻土融化下沉，致使苗根外露而受冻；叶片遭受冻害，一是会出现僵化，甚至因细胞内结冰失水而枯萎；二是由于叶背表皮细胞受冻，在气温回升时，叶片继续长大而表皮不增大，因而使叶片皱缩，严重时表皮自行破裂，这种冻害一般不能复原；三是由于低温影响，根系吸收力减弱，引起生理缺肥，叶绿素生长受阻，花青素大量显现，使叶片呈紫红色。在蕾薹期受冻，特别是早期现蕾抽薹，并出现早花现象，耐寒能力显著下降，只要出现0℃以下的低温，就遭受冻害。受冻轻的花蕾变红后掉落，不结实；受冻重的蕾薹萎缩下垂，甚至全部死亡。此外，栽高脚苗的也容易遭受冻害，一般多出现在持续暴冷后，近地面茎基部破裂，或呈烫伤状，最后卧地枯死。

油菜遭受冻害，产量会受到不同程度的影响。如因冻害死苗，就会降低密度，减少实收株数，致使群体不足影响产量。如叶片受冻，就会使绿叶数、叶面积减少，叶绿素受到破坏，光合作用下降，制造和积累的营养物质少；由于营养生长转弱，春发往往不良，有效分枝少，结角少，粒数少。蕾薹期受冻，引起花蕾脱落，增加阴角，造成分段结实现象。

2008年1月，我国遭受了严重的冰雪低温灾害，对冬油菜生产造成了严重的影响。主要包括湖北、湖南、江西、安徽、江苏、浙江、上海、贵州、云南、广西等省（区、市）。夏收后统计，荆州市油菜单产比上年减少3%。分析原因，主要有以下3个方面。

（1）历史罕见秋季干旱，使大部油菜播期推迟，油菜苗情差。10月下旬至翌年1月上旬气温连续偏高，油菜早发，虫害较重；低温冻害，生殖生长受阻，油菜植株比往年矮小，茎秆粗度也不如常年，多数田块没有搭起理想的丰产架子；低温冻害是2008年菌核病为害严重的主要气候原因，菌核病发生重，对千粒重影响较大；2月下旬至3月光温水资源充足，补偿作用明显，但异常高温使花期缩短；3月平均气温超历史偏高，高温使花期明显缩短。

（2）历史罕见的持续低温降雪冰冻天气过程。从1月中旬初至2月初，荆州市降雪天气频繁，积雪时间长，低温持续时间久。1月13日至2月2日，荆州市共经历了13—15日、19—22日、26—28日、30日至2月1日四轮降雪过程。因频繁降雪，且降雪量较大，致使积雪持久。荆州站从1月13日至2月2日，除24—25日中断外，积雪日数共19d；洪湖站从1月13日至2月4日，除24—25日中断外，积雪日数共21d。

采用中国气象局《全国气候影响评价》标准，利用平均气温距平P与标准差Q的比值来判断气温是否异常，即：1级为$P/Q \leq -2$，表示异常偏低；2级为$-2 < P/Q \leq -1.5$，表示显著偏低；3级为$-1.5 < P/Q < -1$，表示偏低；4级为$-1 \leq P/Q \leq 1$，表示正常；5级为$1 < P/Q < 1.5$偏高；6级为$1.5 \leq P/Q < 2$，表示显著偏高；7级为$P/Q \geq 2$，表示显著偏高。

一般用荆州区、监利县两个气象站点的资料代表荆州市南北两个区域的气候变化情况。利用两个站点1956—2006年的旬平均气温及2007年秋季至2008年春季旬平均气温实况进行统计，得到荆州市2007年秋季至2008年春季平均气温P/Q表并绘图。

2007年秋至2008年初夏荆州市除了历史罕见秋季干旱外，2007年秋至2008年春荆州市平均气温经历了从2007年10月下旬至2008年1月上旬，连续正常偏高；1月中旬至2月上旬异常偏低或偏低，3月异常偏高或显著偏高的过程（表4.1和图4.11）。

表4.1 荆州市2007年秋季至2008年春季平均气温P/Q情况

月份	荆州区P/Q	监利县P/Q	荆州区气温是否异常	监利县气温是否异常
10月下旬	0.3	0.8	—	—
11月上旬	−0.2	0.5	—	—
11月中旬	0.0	0.4	—	—
11月下旬	0.5	0.9	—	—
12月上旬	0.0	0.3	—	—
12月中旬	0.6	1.0	—	—

（续表）

月份	荆州区 P/Q	监利县 P/Q	荆州区气温是否异常	监利县气温是否异常
12月下旬	0.8	1.1	—	偏高
1月上旬	0.9	1.2	—	偏高
1月中旬	−2.6	−2.3	异常偏低	异常偏低
1月下旬	−2.4	−2.5	异常偏低	异常偏低
2月上旬	−1.1	−1.2	偏低	偏低
2月中旬	−0.3	−0.2	—	—
2月下旬	0.4	0.8	—	—
3月上旬	1.2	1.7	偏高	显著偏高
3月中旬	2.2	2.7	异常偏高	异常偏高
3月下旬	1.1	1.5	偏高	显著偏高
4月上旬	0.8	1.1	—	偏高
4月中旬	−0.8	−0.2	—	—
4月下旬	1.0	1.2	—	偏高
5月上旬	1.1	1.1	偏高	偏高
5月中旬	1.1	1.3	偏高	偏高
5月下旬	1.7	2.4	显著偏高	异常偏高

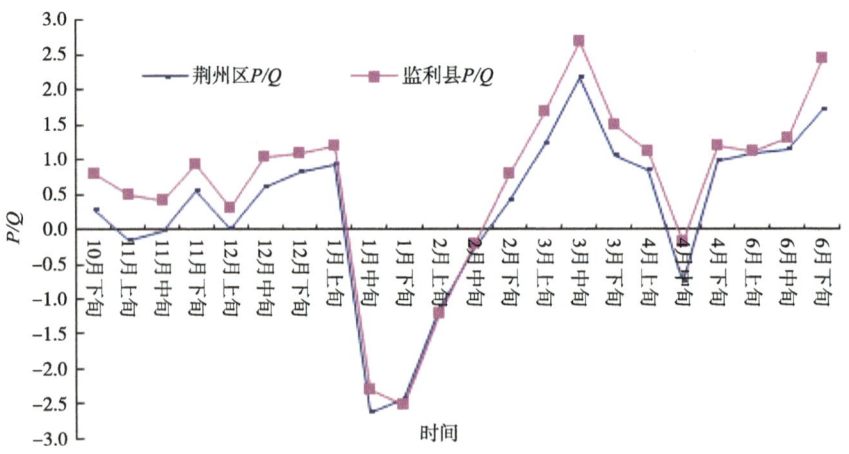

图4.11　荆州市2007年秋季至2008年春季平均气温 P/Q 变化

经历了2008年1月13日至2月2日长时间的低温降雪冰冻天气过程后,生长发育进程较快的田块,播种较早的油菜植株受冻严重。据跟踪走访调查,荆州区太湖农场新风分场9月10日播种的"德油5号"正月初(2月6日左右)油菜受冻,叶片像水煮过一样,菜薹萎蔫;后期部分油菜植株因主茎冻死,分枝从地面的基部开始。

图4.12为湖北省荆州市马山镇双阳5组9月10日播种的"蓉油4号"油菜照片,可见冻死枯萎的主茎和从地面的基部开始的分枝。

图4.12 "蓉油4号"油菜主茎冻死

受冻害影响,油菜植株比往年矮小。据洪湖气象局农业气象观测资料,同一油菜观测地段的"华杂12"品种,2008年乳熟株高154cm,比2007年矮22cm;荆州市种子管理局油菜品比试验田种植的对照品种"中油杂2号",2008年株高180cm,比2007年低6cm,比2006年低14cm。

(3)低温冻害是2008年菌核病危害严重的主要气候原因。据荆州市农业局统计,2008年油菜菌核病属偏重发生年,全市病情指数36.4,比2007年升高35.3,比常年高出20个点,是近10年来病情指数仅次于2002年的重发年,川油系列重于中油、华油系列,且病害重的品种与冻害重的品种类型基本一致。菌核病发生重,对千粒重影响较大,据荆州市植物保护站测定,同一品种的田块病株千粒重比正常株降12%。

图4.13为油菜受冻茎秆纵裂实况。蔡良华等（2006）研究指出，油菜裂茎是一种常见的生理现象，主要由缺硼、冻害、水分过多等因素引起。油菜裂茎对菌核病的发生有直接影响，裂茎程度越高，菌核病发病也越重。另外，低温冻害使油菜生殖生长受阻，抗逆性能下降。

图4.13　油菜受冻茎秆纵裂实况

第五章 关于主要田间工作记载

第一节 《规范》要求

《规范》的"第七章主要田间工作记载"包括对"地段上作物从播种前的整地到作物收获晾晒,所采用的各项农业技术措施的名称、数量、质量及效果"的记载,要求具体而严格。

一、基本要求

用通用术语记载项目名称,切忌地方俗语,影响记录的使用;保护地栽培要记明类型、规格等;计量单位,一律以法定计量单位。

二、关于整地

(一)耕地

地段本季首次耕犁记"耕地"字样,再次翻耕记"第二次耕地"等。各次耕地的起止日期、耕地深度、使用农具型号等。

(二)镇压、耙地

耕犁后压碎、压平,耙细、耙平,次数、日期和农具型号。

(三)开沟整畦

畦播和垄作的做畦方法、日期、畦(垄)高、畦(垄)宽、沟宽等。

三、关于播种、移栽

（一）种子处理

播前浸种、催芽、拌种等的日期、时间。浸种水温、催芽温度和持续时间；药剂浸种拌种用药名称，比例数量，操作方法等。

（二）大田播种

播种日期、播种量、深度，播种方式［撒播、条播、穴（点）播等］，使用农具的名称或人工播种。

（三）育苗

秧田、温室（类型、热源）、秧田类型、播种日期、播种数量，育苗方式，播后采取的措施，如盖灰、盖土（厚度）、镇压、盖薄膜（颜色、地膜、拱膜）等。

（四）移栽、补播

移栽（或寄栽）日期，株行距或穴距，移栽前的秧苗处理，移栽时的叶龄、苗高，移栽方式、方法。缺苗补播日期、用种量。

（五）间套种作物播种

间套种作物品种名称、间套种日期、规格、数量，间套方式方法。

四、关于田间管理

（一）间苗、定苗

各次间苗日期，定苗（最后一次间苗）日期及方法，株行距等。

（二）中耕（除草、培土）

日期、方法、次数、培土高度、中耕深度，以及冬小麦的冬前镇压，早春耙地的日期、次数、方式。施用除草剂的药浓度和方法等。

（三）整枝摘心

如棉花整枝摘心、打杈、打脚叶，马铃薯摘花，烟草打顶等的日期、次数、方式。

（四）施肥

底肥、追肥的肥料名称、数量、施肥日期、方法等。

（五）灌溉、排水、晒田

次数、日期、排灌方式，时间（上午、中午、下午、夜间），排灌水量（或水深）、水温（进水口或出水口用温度表简易测定）等。水稻栽培区，排灌频繁，可综合作描述性的记载，如"渠水，日排不留积水，夜灌水深2cm，水温无大差异"。晒田起止日期和晒后田面情况。

（六）防治病虫害

病虫害名称，施用农药或施放天敌名称、数量、浓度（比例）、日期及时间（早晨、中午、下午、傍晚）。无病虫害为害的预防施药和病虫出现的治病、治虫要分别记录清楚，两者兼有记为"防治"。施药方法和器械名称。

（七）灾害天气的防御或补救措施

如防御低温、霜冻的灌水、熏烟、覆土、覆盖，防御干旱的耙、镇压，防御冰雹措施的方法、日期等。

（八）其他

如人工授粉，去杂，去劣，去雄，割叶等的日期、方法。

五、关于作物收获

收获方式，使用机具名称和型号，或者人工收获。收获日期（分次收获的如棉花，应记各次收获日期；如天气条件差，棉花收花零星，可用简练的文字作综合性记载）。收获物不相同时，应记收获物名称，如籽粒或茎秆。

第二节 相关知识拓展

一、人工对农田的耕整流程

由于北方以旱田为主，南方以水田为主，所以早在魏晋南北朝时期，就形成两种不同的耕作技术。北方旱田的耕作技术是"耕、耙、耱";南方的是"耕、耙、耖"。

北方春耕时,先用犁耕地,然后再用旱田耙耙地。耙可以将翻耕的土块弄碎。耙地后,再用耱进行耱地。耱一般是用荆条或者柳条编制的。它可以使地变得更平整,而且耱过的地还有保墒效果。

南方也是先用犁犁地,接着进行耙地,但耙地所用的是水田耙。耙地后,再进行耖地,目的也是为了让土地变得更平整。

农业上的精耕细作,常常有几轮的耕整操作。另外,先期施肥一般在耕田、耖(耙)田之前,耕田之前施肥称为"底肥",耖田之前施肥称为"耖口肥",只要是在作物栽种之前,都可以称为"施底肥"。可将农家肥料分散溶入土壤中发酵,为种苗发育提供肥力;化肥深埋在土壤中,增加氨离子被土壤胶体吸收的机会,能充分利用化肥的肥效,减少挥发流失。

不论农业现代化如何发展,田间操作的基本原理是相同的,只不过是现代化的机械取代了较原始的农具。图5.1、图5.2、图5.3分别是耕田、耙田、耖田的农具或过程。

图5.1　甘肃六盘山区的犁

图5.2　耙

图5.3　秧田[①]

二、畦和垄的区别

畦是有土埂围着的田地，多为长方形，垄则是一道道的土埂。

通常南北方做畦的方式不同，南方一般做高畦，在畦的四面挖沟，这样方便排水；而北方正好反过来，一般做低畦，在畦的四面起垄，这样有利于灌溉保水。打垄需要将土壤整平后，用锄头一道道堆起来，在垄面上种植各种农作物。每垄上一般只栽培1～2条作物，垄的宽度比高畦窄，且相对高度要高。

低畦栽培的优势在于：一是操作方便，便于秧苗定植；二是利于浇水，不会造成土壤干旱、根系缺水的状态；三是不会造成地温过高。缺点在于：一是水在畦中流过利于土传病害的传播，并易造成病害反复感染；二是土壤透气性差，不利于根系呼吸。

垄栽，即起垄栽培。其优势在于：一是充分利用土壤耕作层通气性好的优势，有利于根系呼吸，可避免造成根系缺氧窒息的情况；二是便于浇水和冲施肥料；三是可以减少土传病害的为害。缺点在于：一是在夏秋高温季节，易使地温过高不利于根系生长；二是若浇水量偏小，容易造成土壤干旱、根系缺水。

三、农田"三沟"

农田"三沟"指围沟、厢沟、腰沟，是由浅入深的农田排灌系统。

围沟是田块四周、围绕田块靠近田埂的沟，它最深，是与外部水源沟通的主沟；厢沟是每厢田块两侧的沟，它最浅；腰沟是较长田块中部与厢沟垂直的水沟，田块太长时可有多条腰沟。

[①] 图片来源：https://zjnews.zjol.com.cn/zjnews/zjxw/202006/t20200612_12049264.shtml。

四、地膜、拱膜、塑料大棚

（一）地膜

铺地膜是指将农膜贴合在田间土壤表面铺展开。如棉花在大田播种后，田间铺上地膜，并将地膜周围用碎土压实，防止透气，提高地温。待棉苗出土后，将棉苗顶部的膜撕开小口，让棉苗钻出正常生长（图5.4）。地膜具有保温保湿的作用，也可在预先铺好的地膜上钻孔栽种各种植物。

图5.4 大棚中的地膜蔬菜

（二）拱膜

用一批稍长的竹片，扳成大小形状一致的弓形，跨过田垄（畦）两边插入土中，然后在上面铺好薄膜，两边薄膜扎入土中，保护垄（畦）上的幼苗在不高的膜棚中生长，这种设备称为拱膜（图5.5）。

图5.5 拱膜早稻育秧

（三）塑料大棚

用竹、钢材料加上较厚实的农膜搭建的比较高大的大棚，人可以在其中进行农事活动，有些还配有增温、灌溉等设备。

五、除草剂

除草剂的除草功能发现于19世纪，当时主要应用无机化学生产的除草剂有硫酸、硫酸铜、氯酸钾等（王艳林，2017）。随着化学学科的发展，除草剂的开发逐渐由无机化学向有机化学发展，如脂肪酸、有机胺、乙草胺、扑草净、百草枯等。化学除草剂的使用有一定的危险性，挥发性比较强的除草剂，高温干旱的天气药物漂移范围可以达到几百米，这就造成了用药时会对附近的其他作物造成为害，因此，用药时尽量避免高温干旱天气。

按照除草效果，可分为灭生性除草剂和选择性除草剂。灭生性除草剂，对所有的植物都有毒害性，如草甘膦，这类除草剂要在播种前或出苗前使用；也可以用于道路上杂草等的清除。选择性除草剂，只对敏感性植物产生作用，如吡氟乙草灵、扑草净、氟乐灵等。

按照除草剂使用方式，可分为触杀型除草剂（如百草枯）、内吸传导性除草剂（如草甘膦）和内吸传导触杀综合型除草剂（如杀草胺）。

除草剂发展主要趋向于发展高效、低毒、广谱、低用量的品种，对环境污染小的一次性处理剂逐渐成为主流。

六、微肥和叶面肥

植物生活所需要的无机盐主要含氮、磷、钾、钙、镁、硫、铁、铜、锰、锌、钼、硼、氯。其中，对含铁、铜、锰、锌、钼、硼、氯的无机盐需要量微小，含有这些无机盐的肥料叫做微量元素肥料，简称微肥。

叶面肥是以叶面吸收为目的，将作物所需养分直接施用于叶面的肥料，称为叶面肥。叶面施肥，又称根外追肥，是将肥料溶于一定容量的水溶液中，通过喷雾器将肥液均匀喷洒在作物叶面及茎枝花果上，经叶片及茎枝花果吸收的一种追肥方法（李冬 等，2016）。

较常见的叶面肥分为以下四类：①营养型叶面肥。此类叶面肥中氮、磷、钾大量元素及微量元素等养分含量较高，主要功能是为作物提供各种营养元素，改善作物的营养状况，尤其是适宜于作物生长后期各种营养的补充。②调节型叶面肥。此类叶面肥具有植物生长调节剂的功能，主要于植物生长前期、中期使用。③生物生化型叶面肥。此类肥料中含微生物体及代谢物，如氨基酸、核苷酸、核酸类物质；主要功能是刺激作物生长，促进作物代谢，减轻和防止病虫害的发生等。④复合型叶面肥。此类叶面肥种类繁多，复合混合形式多样，其功能多样，既可以提供营养，又可以刺激生长调控发育。

晚播小麦中晚期，合理应用叶面肥能促进小麦健壮生长。为验证不同叶面肥在晚播小麦上的应用效果，2018—2019年，河南长葛市农业技术推广中心特进行相关试验，结果表明：晚播小麦喷施追肥精、喷施宝、碧护、持润增产包、磷酸二氢钾+芸苔素内酯水剂等叶面肥可适当增加株高、茎粗、穗长、穗粒数、亩穗数、千粒质量，减少不孕小穗，提高晚播小麦产量（于超伟，2020）。

七、CO_2肥

自然界的CO_2是植物进行光合作用，制造有机物不可缺少的原料，光合作用中必须有CO_2参加，在叶绿素和光能的作用下，CO_2被还原成碳水化合物，在农作物干重中有90%～95%的光合作用产物——碳水化合物。增加CO_2浓度还可使作物的根冠伸长，提高作物生长速度和产品的品质。因此，供给农作物足够的碳素营养以提高产量的潜力巨大。但是大气中的CO_2平均浓度约为320mg/L，这一浓度远远不能满足作物光合作用的需要。一般植物生长所需要的CO_2最适浓度为1 000～1 500mg/L，几乎是大气中平均浓度的3～5倍。

目前，除了在温室中采用CO_2施肥以外，合理密植、使用农家肥、加强通风等均可增加大田CO_2浓度。

八、水稻秧苗假茎宽

水稻秧苗基部的宽度，又称假茎宽。因为水稻秧苗没有茎，只有叶鞘，所以称为假茎。

根据以往的经验判断，水稻秧苗的素质好坏除了叶色青绿、白根多、无病虫外，假茎粗壮、根部越扁宽者，秧苗素质越好。一般假茎扁宽度达到4mm就可作为健壮秧苗的标准之一。

1994年之前,在水稻移栽时,要求测量记载10株茎秧苗的平均假茎宽,以表示苗情的好坏,在移栽时会记上假茎宽度。

九、间苗、补苗和定苗

间苗是指直播作物播种出苗后,经过一段时期的生长,根据作物本身的密度规律,人工剔除多余的苗子。间苗过程中,要注意保留相对健壮苗,剔除弱小苗。如直播油菜五叶期前后,一般有间苗操作。

人工对缺窝的地方补栽上苗子,称补苗。间苗、补苗工作完成,也表示定苗到位。如营养钵移栽的棉花,在五真叶期前,也会剔除每穴中的双苗中的弱苗;对于因各种因素造成的缺苗断垄进行补栽,保证一穴一苗。

十、水稻机插秧育苗

机插秧苗需具备两方面的基本要求:一是秧块标准,秧苗分布均匀,根系盘结,适合机械栽;二是秧苗个体健壮,无病虫害,能满足高产要求。机械插秧所使用的秧苗是以营养土为载体的标准化秧苗,秧苗育成后根系盘结,形成毯状秧块。秧块的标准尺寸为长58cm,宽28cm,厚2cm;其中宽度与厚度最关键,若宽度大于28cm,秧块会卡滞在秧箱上使送秧受阻,引起漏插;不足28cm同样会导致漏插;秧块的厚度过厚或过薄,都会导致植伤加重,影响栽插质量。在软盘育秧过程中,可以通过标准化的硬盘或软盘来保证秧块的标准尺寸。双膜育秧则在栽插起秧时,通过切块来保证标准尺寸。

(一)软盘育秧技术

(1)顺次铺盘。秧板上平铺软盘,为充分利用秧板和便于起秧,每块秧板横排两行,依次平铺,紧密整齐,盘与盘的飞边要重叠排放,盘底与床面紧密贴合。

(2)匀铺床土。铺撒准备好的床土,土层厚度为2.0~2.5cm,厚薄均匀,土面平整。

(3)补水保墒。播种前1d,灌平沟水,待床土充分吸湿后迅速排水;亦可在播种前直接用喷壶洒水,要求播种时土壤含水率达85%~90%。可结合播种前浇底水,用65%敌磺钠与水配制成1:(1 000~1 500)的药液,对床土进行喷浇消毒。

（4）精量播种。播种时按盘称种，一般常规粳稻每盘均匀播破胸露白芽谷120~150g，杂交稻播干谷80~100g。为确保播种均匀，可以4~6盘为一组进行播种，播种时要做到分次细播，力求均匀。

（5）匀撒覆土。播种后均匀撒盖覆土，覆土厚度为0.3~0.5cm，以盖没芽谷为宜，不能过厚。注意使用未经培肥的过筛细土，不能用拌有壮秧剂的营养土。盖籽土撒好后不可再洒水，以防止表土板结影响出苗。

（6）封膜保墒。覆土后，灌平沟水，弥补秧板水分不足，湿润秧板后迅速排放，并沿秧板四周整好盘边，保证秧块尺寸。芽谷播后需经过一定的高温高湿才能达到出苗整齐，一般要求温度在28~35℃，湿度在90%以上。为此，播种覆土后，要封膜盖草，控温保湿促齐苗。封膜前在板面每隔50~60cm放一根细芦苇或铺一薄层麦秸草，以防农膜粘贴床土导致闷种。盖好农膜后将四周封严封实，农膜上铺盖一层稻草，厚度以看不见农膜为宜，预防晴天中午高温灼伤幼芽。对气温较低的早春育秧或倒春寒多发地区，要在封膜的基础上搭建拱棚增温育秧。拱棚高约0.45m，拱架间距0.50m，覆膜后四周要封严压实。

（二）双膜育秧技术

双膜育秧是指在秧板上平铺地膜，再铺放2.0~2.5cm厚的床土，播种覆土后加盖封膜保温保湿促齐苗的育秧方式。

（1）平铺地膜。在秧板上平铺打孔地膜。

（2）木条定格。沿板面两边（秧板沟边）分别固定事先备好的木条，长约200cm、宽2~3cm、厚2cm。

（3）膜上铺底土。在地膜上铺土后，用木尺沿两侧木条刮平，使铺土厚度与秧板两边固定的木条厚度一致（2cm），切忌厚薄不均。

（4）补足底土水分。在播种前1d，铺好底土后，灌平板水，使底土充分吸湿后迅速排放；也可直接用喷壶喷洒在已铺好的底土上，使底土水分达饱和状态后立即播种盖土，以防跑湿。

（5）精量播种。粳稻一般每平方米播芽谷750~950g，籼稻一般500~700g。播种时要按畦称种，分次细播、匀播，力求播种均匀。

（6）匀撒盖籽土。覆土量以盖没种子为宜，厚度为0.3~0.5cm。注意使用未经培肥的过筛细土，不能用拌有壮秧剂的营养土；盖籽土撒好后不可再洒水，以防止表土板结影响出苗。

（7）封膜盖草。覆土后，沿秧板每隔50~60cm，放一根细芦苇或铺一薄层麦秸草，以防农膜与床土粘贴导致闷种；盖膜后，将四周封严封实，膜面上均匀加盖稻草，盖草厚度以基本看不见盖膜为宜。秧田四周开好放水缺口，避免出苗期降雨秧田积水，造成烂芽。膜内温度控制在28~35℃。对气温较低的早春茬或倒春寒多发地区，应搭建拱棚增温育秧。

十一、水稻抛秧

水稻抛秧栽培技术是20世纪60年代在国外发展起来的一项新的水稻育苗移栽技术。它是采用育苗盘或纸筒育出根部带有营养土块的、相互易于分散的水稻秧苗；或采用常规育秧方法育出秧苗后手工掰块分秧，然后将秧苗连同营养土一起均匀撒抛在空中，使其根部随重力落入田间定植的一种栽培法。它改变了沿袭几千年的农民"面朝黄土背朝天"的拔秧、插秧传统习惯，具有省工、省力、省种子和秧田、操作简单、高产、稳产、高效的优点，是水稻栽培技术的一项重大改革。

抛秧前，田间厢宽3m左右拉绳分格，定量均匀抛秧，抛后沿绳清出一条"走道"便于将来做田沟，田沟宽30cm，清出的秧苗在田沟两侧移密补稀，扶正倒苗（王庆轶 等，2021）。抛秧时，大把抓起秧苗，迎风抛，先远后近，抛高2~5m，使秧苗均匀撒落田间，秧根入泥土0.5~1.0cm，一般先抛总数的70%，余下的30%看秧苗的均匀度，用于补稀补缺、补田边、补田角。抛后当天，保持湿润状态，并露田过夜，以促进扎根立苗；抛秧4d内，阴天不灌水，保持湿润，晴热天气白天灌浅水，夜晚排水露田。

十二、绿肥种植

在湖北省农村地区常有在稻田秋播紫云英、苕子等绿肥种子，翌年春天将其鲜草耕沤作底肥的栽培方式。绿肥有丰富的营养物质，具有改良土壤物理性状、增加再生季作物产量、增加蜜源植物、保护土壤的作用。栽培绿肥以豆科作物为主，如紫云英、苜蓿、草木樨、柽麻、田菁、蚕豆、苕子、紫穗槐等

（易妍睿 等，2016）。

豆科植物含有根瘤菌。根瘤菌与豆科植物是共生关系，两者相互依赖，互惠互利。根瘤菌会将空气里的氮，转化成植物可以吸收并且利用的含氮物质，而豆科植物则是为根瘤菌提供有机物。

江苏省南京地区探索粳稻套播紫云英（图5.6），鲜草耕翻入土肥田改土，下一季种水稻，可减少化肥、农药用量，提升稻米品质（荆红飞 等，2021）；其嫩茎富含蛋白质、硒、钙、铁、维生素C和总糖等，春分前可作蔬菜；紫云英蜜活性高，食药兼用；连片紫云英像紫色海洋，是旅游观光佳地；紫云英鲜草可喂养畜禽，实现肥、菜、观、饲、药兼用。粳稻套播紫云英，水稻与紫云英共生，水稻机械收获后紫云英继续生长，越冬后春发，雨水至春分紫云英嫩茎可作美味野菜；作为豆科固氮作物，紫云英盛花期鲜草耕翻入田腐烂后是天然有机肥，可改善土壤理化性状，提高土壤有机质，增加土壤微生物数量及多样性；每2 000千克紫云英鲜草可提供纯N 8kg、P_2O_5 2kg、K_2O 4kg，下茬种植水稻肥料用量减少20%，病虫为害率降低15%，稻米食味值增加，稻米品质得到改善。

图5.6　紫云英

十三、轻简栽培技术、板栽

轻简栽培技术，从字面理解为，用比较简易的手段和方法进行作物栽培的技术。随着农业现代化快速发展,大量针对各种作物的先进种植技术被采用。轻简栽培,也是近二三十年比较热门的一种提法。

董合忠(2021)指出,棉花轻简高效栽培是指简化管理工序、减少作业次数、良种良法配套、农机农艺融合,实现棉花生产轻便简捷、节本增效、绿色生态的栽培技术体系。河南濮阳的免耕旱撒播稻也是轻简栽培,王志伟等(2021)研究表明,免耕旱撒播稻相对于传统移栽稻,省去了育秧、整地、移栽等工序,生产程序大大简化,既降低了劳动强度,又减少成本投入,达到了节本增效目标。袁道仁等(2002)总结了"油稻稻"种植模式中的轻简栽培技术"通过应用免耕、一种两收、旱育抛栽等轻型栽培技术,对鄂东地区'油稻稻'四种轻型种植模式进行研究";结果表明,稻田轻型种植模式与旧模式比较具有省工、低耗、投入少、高产出、高效益等综合优势。油菜免耕直播板栽、水稻软盘抛栽和一种两收轻型栽培技术应用效益明显。

板栽,又叫板土移栽,是一种轻简栽培技术,指在没有经过耕作的田块上直接移栽作物苗子。

第三节 各种作物的田间工作记载

《规范》中,对作物的田间工作记载要求较高,但在实际工作中,往往未能完全达到《规范》标准;即便如此,我们也应该尽量遵从《规范》要求,不可过于简化。为此,我们从水稻、小麦、棉花、油菜农业气象观测历史记录中摘录了较高水平的观测簿中田间工作记载信息,供相关工作者参考。

一、水稻的田间工作记载

表5.1是某站移栽一季稻观测簿的田间工作记载。记载了从种子处理到稻子收获的全过程,既有苗田与大田的耕整,又有全生育期的田间灌水、晒田管理;还包括田间设施拱膜的规格,农家肥、化肥、农药的施用。相关的方法、工具和数量记载均较为完整。

表5.1 水稻观测簿的田间工作记载

项目	起止日期（年/月/日）	方法、工具和数量	质量和效果
浸种催芽	2011/4/12至2011/4/14	编织袋浸种，稻谷破胸后，30℃左右温水一天泼2~3次催芽。历时2天3夜，出芽较齐，芽长0.5cm左右	优良
苗田施底肥	2011/4/11	施农家肥100kg	优良
苗田灌水	2011/4/12	水深约0.20m	优良
耕苗田	2011/4/14	人工、牛犁	优良
整苗田	2011/4/14	人工、铁锹，畦高0.2m、宽1.8m，沟宽0.3m，田平泥溶	—
播种	2011/4/16	人工撒播1kg种，撒播均匀，覆草木灰	优良
盖拱膜	2011/4/16	竹片起拱盖农膜，拱中部高约35cm	优良
灌水	2011/4/20至2011/5/20	灌水多次，保持田沟有水，畦面湿润或浅水	优良
练苗	2011/4/22至2011/4/29	日揭夜盖，最后一次性揭走	优良
苗田追肥	2011/5/12	1kg尿素，约60kg大粪水泼撒，较均匀	中等
施药	2011/5/20	喷雾器喷雾，用杀虫灵5%水剂200mL加水100kg，下午喷雾，防病虫害（第一次）	优良
耕大田	2011/5/28	牛犁，耕深约0.25m	中等
大田灌水	2011/5/28	上午渠沟放水，水深20cm	优良
大田施肥	2011/5/30	人工手撒50kg复合肥，较均匀	中等
耕整大田	2011/5/30	人工、牛、耙、耖，田平泥溶	中等
移栽	2011/6/1	苗高0.33m，假茎宽3.8mm；人工手插，株行距0.14m×0.21m，较均匀	中等
灌溉	2011/6/8	上午渠沟放水，灌水深0.05m，水温比气温略低（第一次）	中等
施药	2011/6/20	喷雾器喷雾，用乙酰甲胺磷（杀虫灵）5%水剂200mL加水100kg，下午喷雾，防病虫害（第二次）	优良

（续表）

项目	起止日期（年/月/日）	方法、工具和数量	质量和效果
灌溉	2011/6/30	上午渠沟放水，灌水深0.05m，水温比气温略低（第二次）	中等
施药	2011/7/15	喷雾器喷雾，用杀虫灵5%水剂200mL加水100kg，下午喷雾，防病虫害（第三次）	优良
除草	2011/7/20	人工手拔，除草较干净	中等
灌溉	2011/8/1	渠沟放水，上午灌水深0.05m，水温比气温略低（第三次）	中等
晒田	2011/8/24至2011/8/30	挖沟排水，不留积水	优良
收获	2011/9/24	人工镰刀收割，较干净	中等

二、小麦的田间工作记载

表5.2是某站平作小麦观测簿的田间工作记载。小麦是秋播作物，大多生育期处于相对寒冷时段，害虫为害相对较少；南方地区小麦鲜少因旱灌溉，田间管理工作简单。对于套作小麦，建议加记套作作物共生期间的田间管理。此建议也适用于其他作物的田间工作记载。

表5.2　小麦观测簿的田间工作记载

项目	起止日期（年/月/日）	方法、工具和数量	质量和效果
耕地	2016/10/27	旋耕机，耕深0.25m，无漏耕	中等
施底肥	2015/10/30	人工撒，碳铵约40kg/亩	中等
整地	2016/10/30	人工铁耙，无漏耙，平整	中等
播种	2016/10/30	人工手撒，种子12kg，均匀无漏播	中等
耙地	2016/10/30	人工，无漏耙，无露籽	中等

（续表）

项目	起止日期（年/月/日）	方法、工具和数量	质量和效果
整畦	2016/10/30	人工铁锹，畦高0.2m，宽1.5m，沟宽0.3m	中等
追肥	2016/12/8	人工手撒，施肥尿素80kg，较均匀	中等
喷施农药和硼	2017/2/15	人工喷雾器，60g多酮+15g速效硼，兑水15kg喷施	中等
施药	2017/4/8	人工喷雾器，200mL草甘膦异丙胺盐+120g甲基硫菌灵，兑水喷施	中等
收获	2017/5/16	收割机，割净	中等

三、棉花的田间工作记载

表5.3是某站营养钵移栽棉花的观测簿的田间工作记载。记载了从营养钵备土到拔杆的全过程，既有大田的耕整，又有锄草、定苗、施肥、施药的田间管理；还包括打老叶、摘旁心、摘顶心的整枝打叶过程。相关的方法、工具和数量记载均较为完整。

棉花是病虫较多作物，也是田间管理中施药多的。少数站点简化记载，多年棉花观测报表中，全生育期压根没有农药施用记载，违背了农业常识。

表5.3 棉花观测簿的田间工作记载

项目	起止日期（年/月/日）	方法、工具和数量	质量和效果
营养钵备土	2010/4/13	人工铁锹在5m×5m地取土，挖深20cm、捣细，加粪肥100kg	中等
做钵	2010/4/17	人工、营养钵器，有序、平整、排列	优良
播种	2010/4/21	每钵约2粒，加拱膜	中等
练苗	2010/4/29至2010/5/11	日揭夜盖，5月11日一次性揭走	中等

（续表）

项目	起止日期（年/月/日）	方法、工具和数量	质量和效果
耕地	2010/5/15	人工牛犁，深约25cm	中等
施肥	2010/5/17	人工撒，碳酸氢铵40kg/亩	中等
耙地	2010/5/17	牛耙，田较平，土较碎	中等
整厢	2010/5/18	人工铁锹，沟宽30cm，厢宽160cm、厢高25cm	中等
移栽	2010/5/20	人工铁铲，一厢两行，株距40cm	中等
补定苗	2010/5/26	人工，每穴一株	中等
锄草	2010/6/8	人工锄，土松草净	中等
施肥	2010/6/21	离主根20cm穴埋，每穴硝酸铵20g	中等
整枝打叶	2010/6/25	人工手折，折掉油枝、下部老叶	中等
施肥	2010/7/16	人工撒，尿素6kg	中等
整枝摘旁心	2010/7/18	人工手折，折叶枝、抹赘芽、摘旁心	中等
清沟排渍	2010/7/25	人工清理三沟，排渍水	中等
摘顶心	2010/8/6	人工，掐掉主茎生长点	中等
施药	2010/8/18	乙蒜素20%乳油50g，兑水2 000倍人工喷雾	中等
摘花	2010/8/31至2010/10/8	人工手摘，晴天隔日摘干净	中等
拔秆	2010/10/8	人工，干净	中等

四、油菜的田间工作记载

表5.4是某站移栽油菜的观测簿的田间工作记载。油菜是秋播作物，大多生育期处于相对寒冷时段，害虫为害相对较少，田间管理中水分管理任务较轻，故田间工作记载相比水稻、棉花等要简单。

表5.4　油菜观测簿的田间工作记载

项目	起止日期（年/月/日）	方法、工具和数量	质量和效果
耕苗田	2009/10/9	牛耕，深约25cm，效果好	中等
施底肥	2009/10/9	人工手撒，碳酸氢铵25kg/亩	中等
整苗田	2009/10/9	牛耙，田较平，土较碎	中等
播种	2009/10/9	人工撒播，0.6kg/亩，撒播均匀	中等
耕大田	2009/11/2	牛耕，深20~25cm效果好	中等
大田施底肥	2009/11/2	人工手撒，碳酸氢铵25~30kg/亩	中等
整大田	2009/11/2	牛耙，田较平，土较碎	中等
移栽	2009/11/10	人工栽，较整齐	中等
锄草	2009/12/5	人工锄，土松草净	中等
追肥	2010/1/23	人工手撒，尿素7~8kg/亩	中等
防治病害	2010/3/10	人工喷雾，50%腐霉剂50g，兑水50~60kg喷雾均匀效果好	中等
收获	2010/5/20	人工镰刀，干净	中等

第六章　农业气象条件鉴定

第一节　农业气象条件鉴定的重要性

一、农业气象条件鉴定定义

作物生育期间农业气象条件鉴定是该作物全生育期间农业气象条件对其生长、发育与产量形成影响总的评判。内容包括四个方面：发育期、产量和产量结构要素、农业自然灾害年景、年型综合评定。

农业气象条件鉴定记录了观测员在作物整个生育期间，各种气象等环境因素对作物生长影响的感性认识，是一种历史性的记载。提高农业气象条件鉴定水平，不仅是优化农业气象观测资料质量的需要，也是农业气象观测员业务素质自我锻炼的一个重要途径。

二、农业气象条件鉴定的困惑

在完成某个作物从播种到收获每一个环节的生长状况、生育期、生长量、产量因素等项目的观测后，还要进行作物的产量结构分析。农业气象条件鉴定，是制作作物农业气象观测报表的最后一道工序，也是技术性最强的一道工序。一些年轻同志表示，他已严格地按照规范进行了一系列的观测，可以确保其观测内容没有错误，是客观实在的数据，可到农业气象条件鉴定这一项，由于没有标准的格式，不知道如何写。这样就常常造成了农业气象观测数据齐全，质量也不错，但是最后的农业气象鉴定寥寥数语，分析内容空洞无物，没有任何价值。

三、历史上的农业气象条件鉴定

在1994年及以前，执行的是《农业气象观测方法》，1994年后执行现有的《农业气象观测规范》。在以前的农业气象报表中，可以看到它比现在的农业气象报表多出来两个栏目。一个栏目包括相邻生育期间的间隔天数、平均气温、活动积温、最高气温、最低气温、气温日较差、降水量、降水日数、相对湿度、日照时数等涵盖光、温、水条件的统计数据；另一个栏目是针对旱作物才有的，是作物从播种到成熟期间，每一个生育期所对应的土壤水分资料（人工取土测定作物地段土壤水分）。农业气象观测员在进行作物气象条件鉴定的时候，一般都会将当年的气象条件和土壤水分，与上一年或上两年的资料进行对比分析，找出它们的特点。在以上基础上，来完成整个分析过程（见本章第四节）。在2013年以前，观测员会在每一旬的旬末编发农业气象旬（月）报。旬（月）报的内容包括作物当前所处的生育期、生育期与历年比较提前的天数，以及光、温、水方面的信息。当然，和现在的发报要求一样，作物的农业气象灾害或病虫害的为害也是必须编报的内容。为了配合农业气象旬（月）报的编发，每一个农业气象站必须具备两种表格：一个是活动积温表，它是该站从1月1日至12月31日每天历史日平均气温的逐日累加表（历史日平均气温来源于30年整编资料），其中0℃以下的气温不参与统计；另一个是各种作物平均生育期的表，每年年终会用当年的生育期资料更新平均生育期。

上述讲了以往农业气象报的报表格式与现在的差别，也讲到了2013年终止的农业气象旬（月）报编制。这一切都是观测员用来对所观测作物进行农业气象条件鉴定的基本素材。没有现成的素材，是当代观测员进行作物农业气象条件鉴定时，感觉难以开展的根本所在。随着科学技术的飞跃式发展和广大农业气象工作者专业技术水平的提高，借助现代化的手段可为自身的农业气象工作提供更多更好的数据信息，在此基础上，作物农业气象条件鉴定的定性分析和定量评定就会游刃有余。

第二节　农业气象条件鉴定的信息源建设与管理

一、数据库系统的选定

可以用来储存数据的计算机软件系统是多种多样的，有文本文件、Excel电子表格文档、Access、SQL Server、Oracal等。Excel电子表格是平时使用最多的软件，SQL Server数据库系统完全能够满足我们的农业气象业务需要。下面主要围绕这两个软件系统，结合农业气象业务需求来作简单的讲解。

可以把气象站的数据全部放在一个数据库中，并且生成多个表。这些表按类型来分，主要有基本气象资料表、农作物观测资料表、土壤水分观测资料表、物候观测资料表。对一个气象站来说，农业气象观测数据库也可以是全站对外进行气象服务所应该具备的基本数据库，可以为提高农业防灾减灾综合能力提供科技支撑。

二、数据库表信息来源与结构设计

一个县级气象站的数据信息量还不是很大，但是资料的录入整理，是一个相对巨大的工程。其中，历史农业气象人工观测资料的整理，要保质保量地做好全盘的资料录入，需要在一个较长的时段，投入大量的精力来完成。为了使工作能一劳永逸，必须制定合适的数据表结构。

（一）地面气象观测数据表结构

地面气象资料库表可以分为年表、月表、日表、小时表4个表。在整理气象观测站资料的基础上，如果为了工作需要，可以加入本县所辖范围内所有区域站的气象资料。以上这些资料可以通过已有的地面气象观测A文件处理软件来按需提取，也可以在CIMISS气象数据统一服务接口上下载，中国气象局大数据平台是基于国省统一的数据环境，面向气象业务和科研，提供全国统一、标准、丰富的数据访问服务和应用编程接口（API），为国、省、地、县各级应用系统提供唯一权威的数据接入服务。这也需要我们必须具备所有站点（含区域站）历年各月的A文件，并向上级业务主管部门申请CMISS气象数据统一服务接口账号。下面给出气象资料数据库的表结构供大家参考。

1. 日数据表

CREATETABLE[dbo].[zdzday]（

  [iiiii][char]（5）NOTNULL，//区站号

  [dateday][int]NOTNULL，//日期，以"YYYYMMDD"形式保存

  [p][smallint]NULL，//本站气压

  [t][smallint]NULL，//温度

  [tmax][smallint]NULL，//最高温度

  [tmin][smallint]NULL，//最低温度

  [e][smallint]NULL，//水汽压

  [u][smallint]NULL，//相对湿度

  [umin][smallint]NULL，//最小相对湿度

  [rh][smallint]NULL，//最大小时降水量

  [rhd][smallint]NULL，//最大小时降水量出现时间

  [r][smallint]NULL，//降水量

  [ls][smallint]NULL，//小型蒸发

  [lb][smallint]NULL，//小型蒸量

  [f][smallint]NULL，//平均风速

  [fmax][smallint]NULL，//最大风速

  [fmaxd][smallint]NULL，//最大风速出现时间

  [fimax][smallint]NULL，//极大风速

  [fimaxd][smallint]NULL，//极大风速出现时间

  [d0][smallint]NULL，//地表温度

  [d0max][smallint]NULL，//地表最高温度

  [d0min][smallint]NULL，//地表最低温度

  [d5][smallint]NULL，//5cm地温

  [d10][smallint]NULL，//10cm地温

  [d15][smallint]NULL，//15cm地温

  [d20][smallint]NULL，//20cm地温

  [d40][smallint]NULL，//40cm地温

　　　　[d80][smallint]NULL，//80cm地温

　　　　[d160][smallint]NULL，//160cm地温

　　　　[d320][smallint]NULL，//320cm地温

　　　　[tg][smallint]NULL，//草面温度

　　　　[tgmax][smallint]NULL，//草面最高温度

　　　　[tgmin][smallint]NULL，//草面最低温度

　　　　[s][smallint]NULL//日照时数

　）ON[PRIMARY]

2．小时数据表

CREATETABLE[dbo].[zdzhour]（

　　　　[iiiii][char]（5）NOTNULL，//区站号

　　　　[dateday][int]NOTNULL，//日期，以"YYYYMMDD"形式保存

　　　　[hour][int]NOTNULL，//小时

　　　　[t][int]NULL，//温度

　　　　[tmax][int]NULL，//最高温度

　　　　[tmin][int]NULL，//最低温度

　　　　[r][int]NULL，//降水量

　　　　[e][int]NULL，//水汽压

　　　　[u][int]NULL，//相对湿度

　　　　[umin][int]NULL，//最小相对湿度

　　　　[p][int]NULL，//平均气压

　　　　[pmax][int]NULL，//最高气压

　　　　[pmin][int]NULL，//最低气压

　　　　[f02][int]NULL，//2min平均风速

　　　　[f10][int]NULL，//10min平均风速

　　　　[fmax][int]NULL，//最大风速

　　　　[fmost][int]NULL，//极大风速

　　　　[ddd02][char]（6）NULL，//2min平均风向

　　　　[ddd10][char]（6）NULL，//10min平均风向

　　　　[dddmax][char]（6）NULL，//最大风速的风向

[dddmost][char]（6）NULL，//极大风速的风向

[tg][int]NULL，//草面温度

[tgmax][int]NULL，//草面最高温度

[tgmin][int]NULL，//草面最低温度

[d0][int]NULL，//地表温度

[d0max][int]NULL，//地表最高温度

[d0min][int]NULL，//地表最低温度

[d05][int]NULL，//5cm地温

[d10][int]NULL，//10cm地温

[d15][int]NULL，//15cm地温

[d20][int]NULL，//20cm地温

[d40][int]NULL，//40cm地温

[d80][int]NULL，//80cm地温

[d160][int]NULL，//160cm地温

[d320][int]NULL，//320cm地温

[l][int]NULL，//蒸发

）ON[PRIMARY]

（二）农业气象观测数据表

1. 农作物观测数据表

农作物观测报表的数据库结构设计，是一个难度较大的工作。为了检索方便，建议每种作物建立1个表，1份作物年报表对应1条数据库记录。以下是湖北省气象信息中心对已有电子文档正在进行的编程处理的4种作物的表结构（表6.1至表6.8），供大家参考。该表中要包含农作物报表中的封面、作物生长状况、产量因素、产量结构分析、生长量等数据信息。表结构设计中做到了对1994年前后新旧农业气象报表项目的兼容。

湖北省气象局曾经组织过建立统一模板，对历史上农气观测作物年报表纸质文档录入，但因各种原因（录入者自行改动模板、录入资料校对不到位等），最终整理出的结果不太理想。建议各站参考附录2，加强相关工作，以期得到完善的农气观测历史资料。

表6.1 水稻作物库表结构设计

字段意义	字段类别	字段长度	可否为空
区站号	字符型	5	N
台站名称	字符型	20	N
档案号	字符型	5	N
地址	字符型	200	N
北纬	字符型	8	N
东经	字符型	8	N
海拔高度	字符型	8	N
作物名称	字符型	10	N
品种名称	字符型	20	N
品种类型	字符型	20	N
熟性	字符型	10	N
栽培方式	字符型	30	N
年份	字符型	5	N
播种	日期型	8	Y
出苗	日期型	8	Y
三叶始期	日期型	8	Y
三叶普期	日期型	8	Y
三叶末期	日期型	8	Y
移栽	日期型	8	Y
返青	日期型	8	Y
分蘖始期	日期型	8	Y
分蘖普期	日期型	8	Y
分蘖末期	日期型	8	Y
分蘖盛期	日期型	8	Y
有效分蘖终止期	日期型	8	Y

（续表）

字段意义	字段类别	字段长度	可否为空
穗始分化	日期型	8	Y
拔节始期	日期型	8	Y
拔节普期	日期型	8	Y
拔节末期	日期型	8	Y
孕穗始期	日期型	8	Y
孕穗普期	日期型	8	Y
孕穗末期	日期型	8	Y
抽穗始期	日期型	8	Y
抽穗普期	日期型	8	Y
抽穗末期	日期型	8	Y
乳熟	日期型	8	Y
成熟	日期型	8	Y
出苗生长状况	整型	1	Y
三叶生长状况	整型	1	Y
移栽生长状况	整型	1	Y
返青生长状况	整型	1	Y
分蘖生长状况	整型	1	Y
拔节生长状况	整型	1	Y
孕穗生长状况	整型	1	Y
抽穗生长状况	整型	1	Y
乳熟生长状况	整型	1	Y
成熟生长状况	整型	1	Y
移栽高度	整型	3	Y
拔节高度	整型	3	Y
乳熟高度	整型	3	Y

（续表）

字段意义	字段类别	字段长度	可否为空
三叶密度	浮点型	共6位（2位小数）	Y
移栽密度	浮点型	共6位（2位小数）	Y
返青密度	浮点型	共6位（2位小数）	Y
分蘖密度	浮点型	共6位（2位小数）	Y
拔节密度	浮点型	共6位（2位小数）	Y
抽穗密度	浮点型	共6位（2位小数）	Y
抽穗有效茎密度	浮点型	共6位（2位小数）	Y
乳熟密度	浮点型	共6位（2位小数）	Y
乳熟有效茎密度	浮点型	共6位（2位小数）	Y
抽穗一次枝梗数	浮点型	共5位（1位小数）	Y
乳熟结实粒数	浮点型	共5位（1位小数）	Y
穗粒数	浮点型	共5位（1位小数）	Y
穗结实粒数	浮点型	共5位（1位小数）	Y
空壳率	整型	2	Y
秕谷率	整型	2	Y
千粒重	浮点型	共5位（2位小数）	Y
理论产量	浮点型	共6位（2位小数）	Y
株成穗数	浮点型	共4位（2位小数）	Y
成穗率	整型	2	Y
茎秆重	浮点型	共6位（2位小数）	Y
籽粒与茎秆比	浮点型	共4位（2位小数）	Y
播种到成熟天数	整型	3	Y
地段实收面积	浮点型	共7位（1位小数）	Y
地段总产	浮点型	共7位（1位小数）	Y
地段1m^2产量	浮点型	共7位（2位小数）	Y

（续表）

字段意义	字段类别	字段长度	可否为空
生产水平1	字符型	6	Y
水平1观测调查地点	字符型	200	Y
水平1作物品种名称	字符型	20	Y
水平1产量	浮点型	共7位（1位小数）	Y
水平1播种日期	日期型	8	Y
水平1收获日期	日期型	8	Y
拔节水平1观测调查日期	字符型	30	Y
拔节水平1发育期	字符型	30	Y
拔节水平1高度	整型	3	Y
拔节水平1密度	浮点型	共6位（2位小数）	Y
拔节水平1生长状况	整型	1	Y
抽穗水平1观测调查日期	字符型	10	Y
抽穗水平1发育期	字符型	20	Y
抽穗水平1高度	整型	3	Y
抽穗水平1密度	浮点型	共6位（2位小数）	Y
抽穗水平1生长状况	整型	1	Y
抽穗水平1一次枝梗数	浮点型	共5位（1位小数）	Y
生产水平2	字符型	6	Y
水平2观测调查地点	字符型	200	Y
水平2作物品种名称	字符型	20	Y
水平2产量	浮点型	共7位（1位小数）	Y
水平2播种日期	日期型	8	Y
水平2收获日期	日期型	8	Y
拔节水平2观测调查日期	字符型	30	Y
拔节水平2发育期	字符型	30	Y

（续表）

字段意义	字段类别	字段长度	可否为空
拔节水平2高度	整型	3	Y
拔节水平2密度	浮点型	共6位（2位小数）	Y
拔节水平2生长状况	整型	1	Y
抽穗水平2观测调查日期	字符型	10	Y
抽穗水平2发育期	字符型	20	Y
抽穗水平2高度	整型	3	Y
抽穗水平2密度	浮点型	共6位（2位小数）	Y
抽穗水平2生长状况	整型	1	Y
抽穗水平2一次枝梗数	浮点型	共5位（1位小数）	Y
县平均产量	浮点型	共7位（1位小数）	Y
与上年比增减百分率	字符型	5	Y

注：Y表示是；N表示否；下同。

表6.2　小麦作物库表结构设计

字段意义	字段类别	字段长度	可否为空
区站号	字符型	5	N
台站名称	字符型	20	N
档案号	字符型	5	N
地址	字符型	200	N
北纬	字符型	8	N
东经	字符型	8	N
海拔高度	字符型	8	N
作物名称	字符型	10	N
品种名称	字符型	20	N
品种类型	字符型	20	N
熟性	字符型	10	N

（续表）

字段意义	字段类别	字段长度	可否为空
栽培方式	字符型	30	N
年份	字符型	5	N
播种	日期型	8	Y
出苗	日期型	8	Y
三叶始期	日期型	8	Y
三叶普期	日期型	8	Y
三叶末期	日期型	8	Y
分蘖始期	日期型	8	Y
分蘖普期	日期型	8	Y
分蘖末期	日期型	8	Y
拔节始期	日期型	8	Y
拔节普期	日期型	8	Y
拔节末期	日期型	8	Y
孕穗始期	日期型	8	Y
孕穗普期	日期型	8	Y
孕穗末期	日期型	8	Y
抽穗始期	日期型	8	Y
抽穗普期	日期型	8	Y
抽穗末期	日期型	8	Y
开花始期	日期型	8	Y
开花普期	日期型	8	Y
开花末期	日期型	8	Y
乳熟	日期型	8	Y
黄熟	日期型	8	Y
成熟	日期型	8	Y

（续表）

字段意义	字段类别	字段长度	可否为空
出苗生长状况	整型	1	Y
三叶生长状况	整型	1	Y
分蘖生长状况	整型	1	Y
拔节生长状况	整型	1	Y
孕穗生长状况	整型	1	Y
抽穗生长状况	整型	1	Y
开花生长状况	整型	1	Y
乳熟生长状况	整型	1	Y
黄熟生长状况	整型	1	Y
成熟生长状况	整型	1	Y
移栽高度	整型	3	Y
拔节高度	整型	3	Y
乳熟高度	整型	3	Y
三叶密度	浮点型	共6位（2位小数）	Y
分蘖密度	浮点型	共6位（2位小数）	Y
拔节密度	浮点型	共6位（2位小数）	Y
抽穗密度	浮点型	共6位（2位小数）	Y
抽穗有效茎密度	浮点型	共6位（2位小数）	Y
乳熟密度	浮点型	共6位（2位小数）	Y
乳熟有效茎密度	浮点型	共6位（2位小数）	Y
分蘖数	浮点型	共5位（1位小数）	Y
大蘖数	浮点型	共5位（1位小数）	Y
产量因素小穗数	浮点型	共5位（1位小数）	Y
结实粒数	浮点型	共5位（1位小数）	Y
穗粒重	浮点型	共5位（1位小数）	Y

（续表）

字段意义	字段类别	字段长度	可否为空
产量结构小穗数	浮点型	共5位（1位小数）	Y
不孕小穗率	整型	2	Y
穗粒数	整型	2	Y
千粒重	浮点型	共5位（2位小数）	Y
理论产量	浮点型	共6位（2位小数）	Y
株成穗数	浮点型	共4位（2位小数）	Y
成穗率	整型	2	Y
茎秆重	浮点型	共6位（2位小数）	Y
籽粒与茎秆比	浮点型	共4位（2位小数）	Y
播种到成熟天数	整型	3	Y
地段实收面积	浮点型	共7位（1位小数）	Y
地段总产	浮点型	共7位（1位小数）	Y
地段1m^{2}产量	浮点型	共7位（2位小数）	Y
生产水平1	字符型	6	Y
水平1观测调查地点	字符型	200	Y
水平1作物品种名称	字符型	20	Y
水平1产量	浮点型	共7位（1位小数）	Y
水平1播种日期	日期型	8	Y
水平1收获日期	日期型	8	Y
越冬开始水平1观测调查日期	字符型	30	Y
越冬开始水平1发育期	字符型	30	Y
越冬开始水平1高度	整型	3	Y
越冬开始水平1密度	浮点型	共6位（2位小数）	Y
越冬开始水平1生长状况	整型	1	Y
越冬开始水平1分蘖数	浮点型	共4位（1位小数）	Y

（续表）

字段意义	字段类别	字段长度	可否为空
越冬开始水平1大蘖数	浮点型	共4位（1位小数）	Y
抽穗水平1观测调查日期	字符型	10	Y
抽穗水平1发育期	字符型	20	Y
抽穗水平1高度	整型	3	Y
抽穗水平1密度	浮点型	共6位（2位小数）	Y
抽穗水平1生长状况	整型	1	Y
抽穗水平1分蘖数	浮点型	共4位（1位小数）	Y
抽穗水平1大蘖数	浮点型	共4位（1位小数）	Y
抽穗水平1小穗数	浮点型	共5位（1位小数）	Y
生产水平2	字符型	6	Y
水平2观测调查地点	字符型	200	Y
水平2作物品种名称	字符型	20	Y
水平2产量	浮点型	共7位（1位小数）	Y
水平2播种日期	日期型	8	Y
水平2收获日期	日期型	8	Y
越冬开始水平2观测调查日期	字符型	30	Y
越冬开始水平2发育期	字符型	30	Y
越冬开始水平2高度	整型	3	Y
越冬开始水平2密度	浮点型	共6位（2位小数）	Y
越冬开始水平2生长状况	整型	1	Y
越冬开始水平2分蘖数	浮点型	共4位（1位小数）	Y
越冬开始水平2大蘖数	浮点型	共4位（1位小数）	Y
抽穗水平2观测调查日期	字符型	10	Y
抽穗水平2发育期	字符型	20	Y
抽穗水平2高度	整型	3	Y

（续表）

字段意义	字段类别	字段长度	可否为空
抽穗水平2密度	浮点型	共6位（2位小数）	Y
抽穗水平2生长状况	整型	1	Y
抽穗水平2分蘖数	浮点型	共4位（1位小数）	Y
抽穗水平2大蘖数	浮点型	共4位（1位小数）	Y
县平均产量	浮点型	共7位（1位小数）	Y
与上年比增减百分率	字符型	5	Y

表6.3 棉花作物库表结构设计

字段意义	字段类别	字段长度	可否为空
区站号	字符型	5	N
台站名称	字符型	20	N
档案号	字符型	5	N
地址	字符型	200	N
北纬	字符型	8	N
东经	字符型	8	N
海拔高度	字符型	8	N
作物名称	字符型	10	N
品种名称	字符型	20	N
品种类型	字符型	20	N
熟性	字符型	10	N
栽培方式	字符型	30	N
年份	字符型	5	N
播种	日期型	8	Y
出苗	日期型	8	Y
移栽	日期型	8	Y

（续表）

字段意义	字段类别	字段长度	可否为空
成活	日期型	8	Y
三真叶始期	日期型	8	Y
三真叶普期	日期型	8	Y
三真叶末期	日期型	8	Y
五真叶始期	日期型	8	Y
五真叶普期	日期型	8	Y
五真叶末期	日期型	8	Y
现蕾始期	日期型	8	Y
现蕾普期	日期型	8	Y
现蕾末期	日期型	8	Y
开花始期	日期型	8	Y
开花普期	日期型	8	Y
开花盛期	日期型	8	Y
开花末期	日期型	8	Y
裂铃始期	日期型	8	Y
裂铃普期	日期型	8	Y
裂铃末期	日期型	8	Y
吐絮始期	日期型	8	Y
吐絮普期	日期型	8	Y
吐絮盛期	日期型	8	Y
吐絮末期	日期型	8	Y
停止生长	日期型	8	Y
三真叶生长状况	整型	1	Y
五真叶生长状况	整型	1	Y
现蕾生长状况	整型	1	Y

（续表）

字段意义	字段类别	字段长度	可否为空
开花生长状况	整型	1	Y
裂铃生长状况	整型	1	Y
吐絮生长状况	整型	1	Y
开花高度	整型	3	Y
吐絮高度	整型	3	Y
五真叶密度	浮点型	共6位（2位小数）	Y
现蕾密度	浮点型	共6位（2位小数）	Y
开花密度	浮点型	共6位（2位小数）	Y
裂铃密度	浮点型	共6位（2位小数）	Y
吐絮密度	浮点型	共6位（2位小数）	Y
停止生长密度	浮点型	共6位（2位小数）	Y
伏前桃数	浮点型	共6位（1位小数）	Y
伏桃数	浮点型	共6位（1位小数）	Y
秋桃数	浮点型	共6位（1位小数）	Y
果枝数	浮点型	共6位（1位小数）	Y
单铃重	浮点型	共6位（1位小数）	Y
株铃数	浮点型	共6位（2位小数）	Y
僵烂铃率	整型	2	Y
未成熟铃率	整型	2	Y
蕾铃脱落率	整型	2	Y
株子棉重	浮点型	共6位（2位小数）	Y
霜前花率	整型	2	Y
纤维长	浮点型	共6位（2位小数）	Y
衣分	整型	2	Y
子棉理论产量	浮点型	共6位（2位小数）	Y

（续表）

字段意义	字段类别	字段长度	可否为空
棉秆重	浮点型	共6位（2位小数）	Y
子棉与棉秆比	浮点型	共6位（2位小数）	Y
霜前株收花铃数	浮点型	共6位（2位小数）	Y
播种到成熟天数	整型	3	Y
地段实收面积	浮点型	共7位（1位小数）	Y
地段总产	浮点型	共7位（1位小数）	Y
地段1m²产量	浮点型	共7位（2位小数）	Y
生产水平1	字符型	6	Y
水平1观测调查地点	字符型	200	Y
水平1作物品种名称	字符型	20	Y
水平1产量	浮点型	共7位（1位小数）	Y
水平1播种日期	日期型	8	Y
水平1收获日期	日期型	8	Y
开花期水平1观测调查日期	日期型	10	Y
开花期水平1发育期	字符型	30	Y
开花期水平1高度	整型	3	Y
开花期水平1密度	浮点型	共6位（2位小数）	Y
开花期水平1生长状况	整型	1	Y
开花期水平1伏前桃数	浮点型	共6位（1位小数）	Y
裂铃期水平1观测调查日期	日期型	10	Y
裂铃期水平1发育期	字符型	30	Y
裂铃期水平1高度	浮点型	3	Y
裂铃期水平1密度	浮点型	共6位（2位小数）	Y
裂铃期水平1生长状况	整型	1	Y
裂铃期水平1伏桃数	浮点型	共6位（1位小数）	Y

（续表）

字段意义	字段类别	字段长度	可否为空
吐絮期水平1观测调查日期	日期型	10	Y
吐絮期水平1发育期	字符型	30	Y
吐絮期水平1高度	整型	3	Y
吐絮期水平1密度	浮点型	共6位（2位小数）	Y
吐絮期水平1生长状况	整型	1	Y
吐絮期水平1果枝数	浮点型	共6位（1位小数）	Y
吐絮盛期水平1观测调查日期	日期型	10	Y
吐絮盛期水平1发育期	字符型	30	Y
吐絮盛期水平1高度	整型	3	Y
吐絮盛期水平1密度	浮点型	共6位（2位小数）	Y
吐絮盛期水平1生长状况	整型	1	Y
吐絮盛期水平1秋桃数	浮点型	共6位（1位小数）	Y
生产水平2	字符型	6	Y
水平2观测调查地点	字符型	200	Y
水平2作物品种名称	字符型	20	Y
水平2产量	浮点型	共7位（1位小数）	Y
水平2播种日期	日期型	8	Y
水平2收获日期	日期型	8	Y
开花期水平2观测调查日期	日期型	10	Y
开花期水平2发育期	字符型	30	Y
开花期水平2高度	整型	3	Y
开花期水平2密度	浮点型	共6位（2位小数）	Y
开花期水平2生长状况	整型	1	Y
开花期水平2伏前桃数	浮点型	共6位（1位小数）	Y
裂铃期水平2观测调查日期	日期型	10	Y

（续表）

字段意义	字段类别	字段长度	可否为空
裂铃期水平2发育期	字符型	30	Y
裂铃期水平2高度	浮点型	3	Y
裂铃期水平2密度	浮点型	共6位（2位小数）	Y
裂铃期水平2生长状况	整型	1	Y
裂铃期水平2伏桃数	浮点型	共6位（1位小数）	Y
吐絮期水平2观测调查日期	日期型	10	Y
吐絮期水平2发育期	字符型	30	Y
吐絮期水平2高度	整型	3	Y
吐絮期水平2密度	浮点型	共6位（2位小数）	Y
吐絮期水平2生长状况	整型	1	Y
吐絮期水平2果枝数	浮点型	共6位（1位小数）	Y
吐絮盛期水平2观测调查日期	日期型	10	Y
吐絮盛期水平2发育期	字符型	30	Y
吐絮盛期水平2高度	整型	3	Y
吐絮盛期水平2密度	浮点型	共6位（2位小数）	Y
吐絮盛期水平2生长状况	整型	1	Y
吐絮盛期水平2秋桃数	浮点型	共6位（1位小数）	Y
县平均产量	浮点型	共7位（1位小数）	Y
与上年比增减百分率	字符型	5	Y

表6.4 油菜作物库表结构设计

字段意义	字段类别	字段长度	可否为空
区站号	字符型	5	N
台站名称	字符型	20	N

（续表）

字段意义	字段类别	字段长度	可否为空
档案号	字符型	5	N
地址	字符型	200	N
北纬	字符型	8	N
东经	字符型	8	N
海拔高度	字符型	8	N
作物名称	字符型	10	N
品种名称	字符型	20	N
品种类型	字符型	20	N
熟性	字符型	10	N
栽培方式	字符型	30	N
年份	字符型	5	N
播种	日期型	8	Y
出苗	日期型	8	Y
五真叶始期	日期型	8	Y
五真叶普期	日期型	8	Y
五真叶末期	日期型	8	Y
移栽	日期型	8	Y
成活	日期型	8	Y
开盘始期	日期型	8	Y
开盘普期	日期型	8	Y
开盘末期	日期型	8	Y
现蕾始期	日期型	8	Y
现蕾普期	日期型	8	Y
现蕾末期	日期型	8	Y
抽薹始期	日期型	8	Y

（续表）

字段意义	字段类别	字段长度	可否为空
抽薹普期	日期型	8	Y
抽薹末期	日期型	8	Y
开花始期	日期型	8	Y
开花普期	日期型	8	Y
开花盛期	日期型	8	Y
开花末期	日期型	8	Y
绿熟	日期型	8	Y
成熟	日期型	8	Y
出苗生长状况	整型	1	Y
五真叶生长状况	整型	1	Y
移栽生长状况	整型	1	Y
成活生长状况	整型	1	Y
现蕾生长状况	整型	1	Y
抽薹生长状况	整型	1	Y
开花生长状况	整型	1	Y
绿熟生长状况	整型	1	Y
成熟生长状况	整型	1	Y
抽薹高度	整型	3	Y
绿熟高度	整型	3	Y
五真叶密度	浮点型	共6位（2位小数）	Y
移栽密度	浮点型	共6位（2位小数）	Y
成活密度	浮点型	共6位（2位小数）	Y
现蕾密度	浮点型	共6位（2位小数）	Y
抽薹密度	浮点型	共6位（2位小数）	Y
开花密度	浮点型	共6位（2位小数）	Y

（续表）

字段意义	字段类别	字段长度	可否为空
绿熟密度	浮点型	共6位（2位小数）	Y
成熟密度	浮点型	共6位（2位小数）	Y
一次分枝数	浮点型	共6位（2位小数）	Y
荚果数	浮点型	共6位（2位小数）	Y
株荚果数	浮点型	共6位（2位小数）	Y
株籽粒重	浮点型	共6位（2位小数）	Y
千粒重	浮点型	共6位（2位小数）	Y
理论产量	浮点型	共6位（2位小数）	Y
茎秆重	浮点型	共6位（2位小数）	Y
籽粒与茎秆比	浮点型	共6位（2位小数）	Y
亩籽粒重	浮点型	共6位（2位小数）	Y
播种到成熟天数	整型	3	Y
地段实收面积	浮点型	共7位（1位小数）	Y
地段总产	浮点型	共7位（1位小数）	Y
地段1m^2产量	浮点型	共7位（2位小数）	Y
生产水平1	字符型	6	Y
水平1观测调查地点	字符型	200	Y
水平1作物品种名称	字符型	20	Y
水平1产量	浮点型	共7位（1位小数）	Y
水平1播种日期	日期型	8	Y
水平1收获日期	日期型	8	Y
抽薹期水平1观测调查日期	日期型	10	Y
抽薹期水平1发育期	字符型	30	Y
抽薹期水平1高度	整型	3	Y
抽薹期水平1密度	浮点型	共6位（2位小数）	Y

（续表）

字段意义	字段类别	字段长度	可否为空
抽薹期水平1生长状况	整型	1	Y
绿熟期水平1观测调查日期	日期型	10	Y
绿熟期水平1发育期	字符型	30	Y
绿熟期水平1高度	浮点型	3	Y
绿熟期水平1密度	浮点型	共6位（2位小数）	Y
绿熟期水平1生长状况	整型	1	Y
绿熟期水平1一次分枝数	浮点型	共6位（1位小数）	Y
绿熟期水平1荚果数	浮点型	共6位（1位小数）	Y
生产水平2	字符型	6	Y
水平2观测调查地点	字符型	200	Y
水平2作物品种名称	字符型	20	Y
水平2产量	浮点型	共7位（1位小数）	Y
水平2播种日期	日期型	8	Y
水平2收获日期	日期型	8	Y
抽薹期水平2观测调查日期	日期型	10	Y
抽薹期水平2发育期	字符型	30	Y
抽薹期水平2高度	整型	3	Y
抽薹期水平2密度	浮点型	共6位（2位小数）	Y
抽薹期水平2生长状况	整型	1	Y
绿熟期水平2观测调查日期	日期型	10	Y
绿熟期水平2发育期	字符型	30	Y
绿熟期水平2高度	浮点型	3	Y
绿熟期水平2密度	浮点型	共6位（2位小数）	Y
绿熟期水平2生长状况	整型	1	Y
绿熟期水平2一次分枝数	浮点型	共6位（1位小数）	Y

（续表）

字段意义	字段类别	字段长度	可否为空
绿熟期水平2荚果数	浮点型	共6位（1位小数）	Y
县平均产量	浮点型	共7位（1位小数）	Y
与上年比增减百分率	字符型	5	Y

表6.5　水稻和小麦生物量库表结构设计

字段意义	字段类别	字段长度	可否为空
区站号	字符型	5	N
台站名称	字符型	20	N
档案号	字符型	5	N
地址	字符型	200	N
北纬	字符型	8	N
东经	字符型	8	N
海拔高度	字符型	8	N
作物名称	字符型	10	N
品种名称	字符型	20	N
品种类型	字符型	20	N
熟性	字符型	10	N
栽培方式	字符型	30	N
年份	字符型	5	N
测定日期	日期型	8	N
单株平均叶面积	浮点型	共8位（1位小数）	Y
$1m^2$叶面积	浮点型	共8位（1位小数）	Y
LAI	浮点型	共5位（1位小数）	Y
叶片鲜重	浮点型	共8位（3位小数）	Y
叶片干重	浮点型	共8位（3位小数）	Y

（续表）

字段意义	字段类别	字段长度	可否为空
叶鞘鲜重	浮点型	共8位（3位小数）	Y
叶鞘干重	浮点型	共8位（3位小数）	Y
茎鲜重	浮点型	共8位（3位小数）	Y
茎干重	浮点型	共8位（3位小数）	Y
穗鲜重	浮点型	共8位（3位小数）	Y
穗干重	浮点型	共8位（3位小数）	Y
整株合计鲜重	浮点型	共8位（3位小数）	Y
整株合计干重	浮点型	共8位（3位小数）	Y
1m^{2}鲜重	浮点型	共8位（1位小数）	Y
1m^{2}干重	浮点型	共8位（1位小数）	Y
含水率	浮点型	共8位（1位小数）	Y
生长率	浮点型	共8位（1位小数）	Y

表6.6　水稻和小麦灌浆速率库表结构设计

字段意义	字段类别	字段长度	可否为空
区站号	字符型	5	N
台站名称	字符型	20	N
档案号	字符型	5	N
地址	字符型	200	N
北纬	字符型	8	N
东经	字符型	8	N
海拔高度	字符型	8	N
作物名称	字符型	10	N
品种名称	字符型	20	N

（续表）

字段意义	字段类别	字段长度	可否为空
品种类型	字符型	20	N
熟性	字符型	10	N
栽培方式	字符型	30	N
年份	字符型	5	N
测定日期	日期型	8	N
含水率	浮点型	共8位（2位小数）	Y
千粒重	浮点型	共8位（2位小数）	Y
灌浆速度	浮点型	共6位（2位小数）	Y

表6.7 棉花生物量库表结构设计

字段意义	字段类别	字段长度	可否为空
区站号	字符型	5	N
台站名称	字符型	20	N
档案号	字符型	5	N
地址	字符型	200	N
北纬	字符型	8	N
东经	字符型	8	N
海拔高度	字符型	8	N
作物名称	字符型	10	N
品种名称	字符型	20	N
品种类型	字符型	20	N
熟性	字符型	10	N
栽培方式	字符型	30	N
年份	字符型	5	N

（续表）

字段意义	字段类别	字段长度	可否为空
测定日期	日期型	8	N
单株平均叶面积	浮点型	共8位（1位小数）	Y
1m^{2}叶面积	浮点型	共8位（1位小数）	Y
LAI	浮点型	共5位（1位小数）	Y
叶片鲜重	浮点型	共8位（3位小数）	Y
叶片干重	浮点型	共8位（3位小数）	Y
叶柄鲜重	浮点型	共8位（3位小数）	Y
叶柄干重	浮点型	共8位（3位小数）	Y
枝鲜重	浮点型	共8位（3位小数）	Y
枝干重	浮点型	共8位（3位小数）	Y
铃鲜重	浮点型	共8位（3位小数）	Y
铃干重	浮点型	共8位（3位小数）	Y
整株合计鲜重	浮点型	共8位（3位小数）	Y
整株合计干重	浮点型	共8位（3位小数）	Y
1m^{2}鲜重	浮点型	共8位（1位小数）	Y
1m^{2}干重	浮点型	共8位（1位小数）	Y
含水率	浮点型	共8位（1位小数）	Y
生长率	浮点型	共8位（1位小数）	Y

表6.8 油菜生物量库表结构设计

字段意义	字段类别	字段长度	可否为空
区站号	字符型	5	N
台站名称	字符型	20	N
档案号	字符型	5	N
地址	字符型	200	N

（续表）

字段意义	字段类别	字段长度	可否为空
北纬	字符型	8	N
东经	字符型	8	N
海拔高度	字符型	8	N
作物名称	字符型	10	N
品种名称	字符型	20	N
品种类型	字符型	20	N
熟性	字符型	10	N
栽培方式	字符型	30	N
年份	字符型	5	N
测定日期	日期型	8	N
单株平均叶面积	浮点型	共8位（1位小数）	Y
1m^{2}叶面积	浮点型	共8位（1位小数）	Y
LAI	浮点型	共5位（1位小数）	Y
叶片鲜重	浮点型	共8位（3位小数）	Y
叶片干重	浮点型	共8位（3位小数）	Y
叶柄鲜重	浮点型	共8位（3位小数）	Y
叶柄干重	浮点型	共8位（3位小数）	Y
枝鲜重	浮点型	共8位（3位小数）	Y
枝干重	浮点型	共8位（3位小数）	Y
荚鲜重	浮点型	共8位（3位小数）	Y
荚干重	浮点型	共8位（3位小数）	Y
整株合计鲜重	浮点型	共8位（3位小数）	Y
整株合计干重	浮点型	共8位（3位小数）	Y
1m^{2}鲜重	浮点型	共8位（1位小数）	Y
1m^{2}干重	浮点型	共8位（1位小数）	Y

（续表）

字段意义	字段类别	字段长度	可否为空
含水率	浮点型	共8位（1位小数）	Y
生长率	浮点型	共8位（1位小数）	Y

2.人工土壤水分数据表

人工土壤水分数据表主要有保存原始观测数据和保存分析结果的两种数据库。

（1）土壤水分测定数据表，用于保存原始观测数据。

CREATETABLE[dbo].[土壤水分测定]（

　　[区站号][nvarchar]（5）NOTNULL，

　　[测定日期][int]NOTNULL，//日期，以"YYYYMMDD"形式保存

　　[发育期][nvarchar]（20）NULL，

　　[重复][int]NULL，

　　[土层深度][nvarchar]（10）NULL，

　　[盒号][nvarchar]（10）NULL，

　　[盒重][float]NULL，

　　[盒与湿土共重][float]NULL，

　　[盒与干土共重][float]NULL，

　　[含水重][float]NULL，

　　[干土重][float]NULL，

　　[土壤重量含水率][float]NULL，

　　[土壤质地][nvarchar]（20）NULL，

　　[计算员][nvarchar]（20）NULL，

　　[校对员][nvarchar]（20）NULL，

　　[备注][nvarchar]（255）NULL，

）ON[PRIMARY]

（2）土壤水分分析数据表，用于保存分析结果。

CREATETABLE[dbo].[土壤水分分析]（

　　[区站号][nvarchar]（5）NOTNULL，

　　[测定日期][datetime]NOTNULL，

[发育期][nvarchar]（20）NULL，

[深度][nvarchar]（20）NULL，

[测点1含水率][float]NULL，

[测点2含水率][float]NULL，

[测点3含水率][float]NULL，

[测点4含水率][float]NULL，

[总和][float]NULL，

[平均][float]NULL，

[土壤相对湿度][float]NULL，

[水分总储存量][float]NULL，

[有效水分储存量][float]NULL，

[分析员][nvarchar]（20）NULL，

[校对员][nvarchar]（20）NULL，

[备注][nvarchar]（255）NULL，

）ON[PRIMARY]

（3）其他数据表

土壤水分测定、土壤水分分析两个数据表每次观测后有多条记录，而有些项目每次观测只有一条记录，如降水或灌溉与渗透、纪要、干土层厚度等，可以另建数据库保存。土壤水文物理特性在土壤水分分析时用到，一般不会变化，也需要单独保存。

3. 灾害数据表

CREATETABLE[dbo].[农业气象灾害调查]（

[区站号][nvarchar]（5）NOTNULL，

[调查日期][int]NOTNULL，

[灾害名称][nvarchar]（20）NULL，

[灾害类别][nvarchar]（20）NULL，

[受灾期][nvarchar]（20）NULL，

[灾情类型][nvarchar]（20）NULL，

[植株受害程度][float]NULL，

[器官受害程度][nvarchar]（20）NULL，

[受害征状][nvarchar]（255）NULL,

[成灾面积][float]NULL,

[成灾比例][float]NULL,

[减产趋势估计][nvarchar]（255）NULL,

[成灾的其他原因][nvarchar]（255）NULL,

[实产][nvarchar]（255）NULL,

[采取的主要措施][nvarchar]（255）NULL,

[灾情分布及影响分析][nvarchar]（255）NULL,

[县内成灾面积][nvarchar]（255）NULL,

[县内成灾比例][nvarchar]（255）NULL,

[并发的自然灾害][nvarchar]（255）NULL,

[造成的其他损失][nvarchar]（255）NULL,

[资料来源][nvarchar]（255）NULL,

[调查地点及地理特征][nvarchar]（255）NULL,

[作物品种名称][nvarchar]（255）NULL,

[前茬作物][nvarchar]（255）NULL,

[播种期][nvarchar]（255）NULL,

[所处发育期][nvarchar]（255）NULL,

[土壤状况][nvarchar]（255）NULL,

[产量水平][nvarchar]（255）NULL,

[品种类型熟性及栽培方式][nvarchar]（255）NULL,

[调查终止日期][datetime]NULL

[备注][nvarchar]（255）NULL,

[观测员][nvarchar]（20）NULL,

[校对员][nvarchar]（20）NULL,

）ON[PRIMARY]

4. 物候数据表

（1）草本植物物候观测数据表结构

CREATETABLE[dbo].[草本植物物候观测]（

[区站号][nvarchar]（5）NULL,

[草种名称][nvarchar]（255）NULL，

[学名][nvarchar]（255）NULL，

[物候期名称][nvarchar]（255）NULL，

[物候期子类名称][nvarchar]（255）NULL，

[出现日期][datetime]NULL，

[观测员][nvarchar]（255）NULL，

[校对员][nvarchar]（255）NULL，

[备注][nvarchar]（255）NULL，

) ON[PRIMARY]

（2）木本植物物候观测数据表结构

CREATETABLE[dbo].[木本植物物候观测]（

[区站号][nvarchar]（5）NULL，

[树种名称][nvarchar]（255）NULL，

[学名][nvarchar]（255）NULL，

[物候期名称][nvarchar]（255）NULL，

[物候期子类名称][nvarchar]（255）NULL，

[出现日期][datetime]NULL，

[观测员][nvarchar]（255）NULL，

[校对员][nvarchar]（255）NULL，

[备注][nvarchar]（255）NULL，

) ON[PRIMARY]

三、VBA小程序助力生育阶段气象资料统计

Excel是常用的报表处理软件之一。VBA（Visual Basic for Application）是Excel应用程序中功能非常强大的编程语言，利用Excel内嵌的VBA语言完全可以快速开发出自己的应用系统来。

农业气象条件鉴定全生育期和各主要发育期的出现日期、作物生长发育状况及与常年比较，分析与常年较大差别的气象原因。分析所用关键气象因子主要是气温、日照、降水量、降水日数等，得出它们对发育期迟早及生长发育状况的影响。为了帮助解决基层测站在作物农业气象条件鉴定时，进行各生育阶

段的气象资料统计,我们特编写了两个宏软件。它们是在WIN10操作系统、基于Excel2010上编制的。深入了解可百度搜索"Excel2010如何启用宏和VBA使用说明"。

当进行下述软件引用时,首先需安装VBA支持库:打开Excel2010;主菜单—文件—选项卡—自定义功能区—右侧主选项卡—勾选"开发工具"—确定。

(一)作物生育期序号与日期互转软件

将Excel文档设置5个Sheet表(图6.1),"Sheet5"改成"面板"。上方主选项进入"开发工具—设计模式",进入设计状态。点击"面板"中"插入"按钮,插入4个"Activex控件命令"按钮,并修改其Caption属性:"CommandButton1"修改为"秋收作物日期转日序";"CommandButton2"修改为"夏收作物日期转日序";"CommandButton3"修改为"秋收作物日序转日期";"CommandButton4"修改为"夏收作物日序转日期"。在设计状态下,双击上述任一个按钮,进入编码区,将以下代码全部拷入编码区。将下属程序代码悉数拷入编码区(图6.2)。

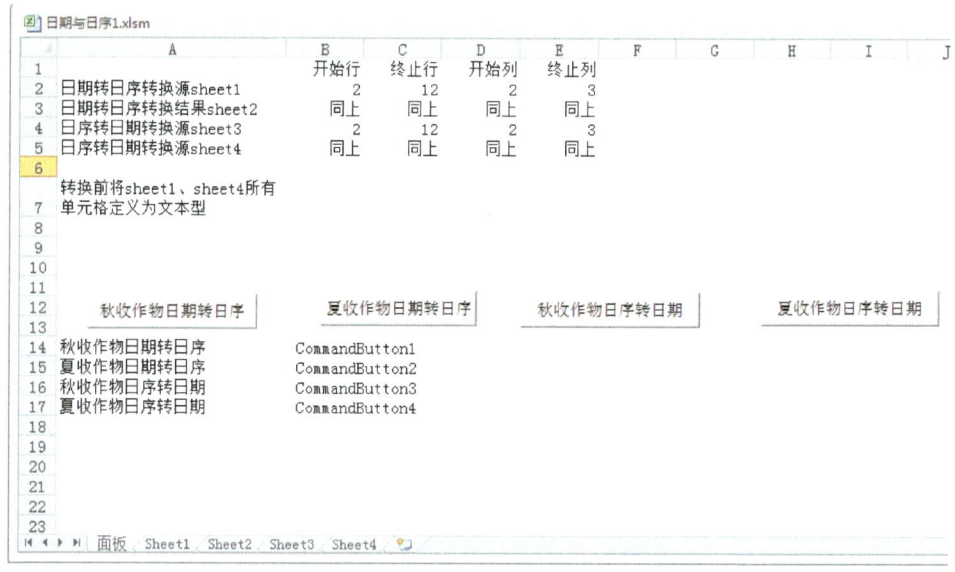

图6.1 生育期序号与日期互转程序主页界面

程序代码：

```
Public Function ri_xu(s1 As String) As Integer
'秋收作物日期转日序
'由月日字符串"3.2"或"0302"，测出它在一年中的排序 s1 = Cells(1, 1)

Dim i, j, k   As Integer
Dim chr1
Dim a1, a2 As String
Dim s, s2, s3 As String

chr1 = "."
a1 = InStr(Trim(s1), chr1)
a2 = Len(Trim(s1))

s2 = Mid(s1, 1, a1 - 1)
s3 = Mid(s1, a1 + 1, a2 - a1)

s = "2021/" + s2 + "/" + s3
ri_xu = DateDiff("D", "2021/01/01", "2021/" + Mid(s1, 1, a1 - 1) + "/" + Mid(s1, a1 + 1, a2 - a1)) + 1
End Function
'''''''''''''''''''''''''''''''''''''''''''

Public Function ri_xu1(s1 As String) As Integer
'夏收作物日期转日序
'由月日字符串"3.2"或"0302"，测出它在一年中的排序 s1 = Cells(1, 1)
Dim i, j, k   As Integer
Dim chr1
Dim a1, a2 As String
Dim s, s2, s3 As String

chr1 = "."
a1 = InStr(Trim(s1), chr1)
a2 = Len(Trim(s1))
```

```
s2 = Mid(s1, 1, a1 - 1)
s3 = Mid(s1, a1 + 1, a2 - a1)

s = "2021/" + s2 + "/" + s3
If Val(s2) > 6 Then
    ri_xu1 = DateDiff("D", "2021/06/30", "2021/" + Mid(s1, 1, a1 - 1) + "/" + Mid(s1, a1 + 1, a2 - a1))
Else
    ri_xu1 = DateDiff("D", "2020/12/31", "2021/" + Mid(s1, 1, a1 - 1) + "/" + Mid(s1, a1 + 1, a2 - a1)) + 184
End If
End Function
''''''''''''''''''''''''''''''''''''''


Public Function rixu_to_riqi(k As Integer) As String
'秋收作物日序转日期
'由日序转月日字符串"3.2"或"0302"
rixu_to_riqi = Str$(Month(DateAdd("d", k, "2020/12/31"))) + "." + Str$(Day(DateAdd("d", k, "2020/12/31")))
End Function


Public Function rixu_to_riqi1(k As Integer) As String
'夏收作物日序转日期
'由日序转月日字符串"3.2"或"0302"
rixu_to_riqi1 = Str$(Month(DateAdd("d", k, "2020/06/30"))) + "." + Str$(Day(DateAdd("d", k, "2020/06/30")))
End Function
''''''''''''''''''''''''''''''''''''''


Private Sub CommandButton1_Click()
Dim i, j, k
'秋收作物日期转日序
For i = 2 To 12
    For j = 2 To 3
```

```
    Sheets("sheet2").Cells(i, j) = ri_xu(Sheets("sheet1").Cells(i, j))
    Next j
Next i
End Sub
''''''''''''''''''''''''''''''''''''''''''
Private Sub CommandButton2_Click()
Dim i, j, k
'夏收作物日期转日序
For i = 2 To 12
    For j = 2 To 3
    Sheets("sheet2").Cells(i, j) = ri_xu1(Sheets("sheet1").Cells(i, j))
    Next j
Next i
End Sub
''''''''''''''''''''''''''''''''''''''''''
Private Sub CommandButton3_Click()
'秋收作物日序转日期
Dim i, j, k
For i = 2 To 12
    For j = 2 To 3
    Sheets("sheet4").Cells(i, j) = rixu_to_riqi(Sheets("sheet3").Cells(i, j))
    Next j
Next i
End Sub
''''''''''''''''''''''''''''''''''''''''''
Private Sub CommandButton4_Click()
'夏收作物日序转日期
Dim i, j, k
For i = 2 To 12
    For j = 2 To 3
    Sheets("sheet4").Cells(i, j) = rixu_to_riqi1(Sheets("sheet3").Cells(i, j))
    Next j
Next i
End Sub
```

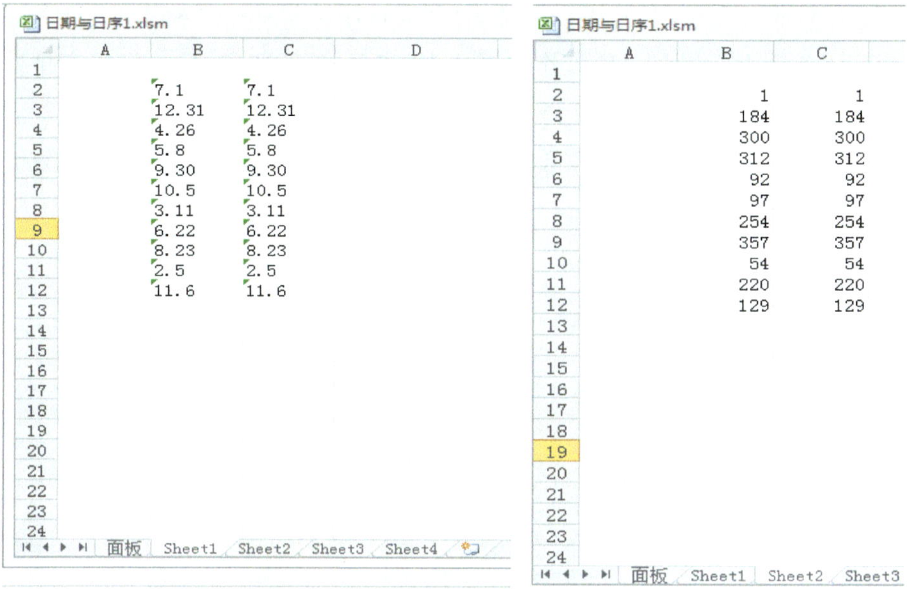

图6.2 生育期序号与日期互转程序数据源与运行结果界面

（二）作物各生育阶段气象要素统计软件

共设面板、全年日数据、生育阶段日序、阶段要素累积、阶段要素平均、阶段要素最大、阶段要素最小、汇总8个Sheet表（图6.3）。

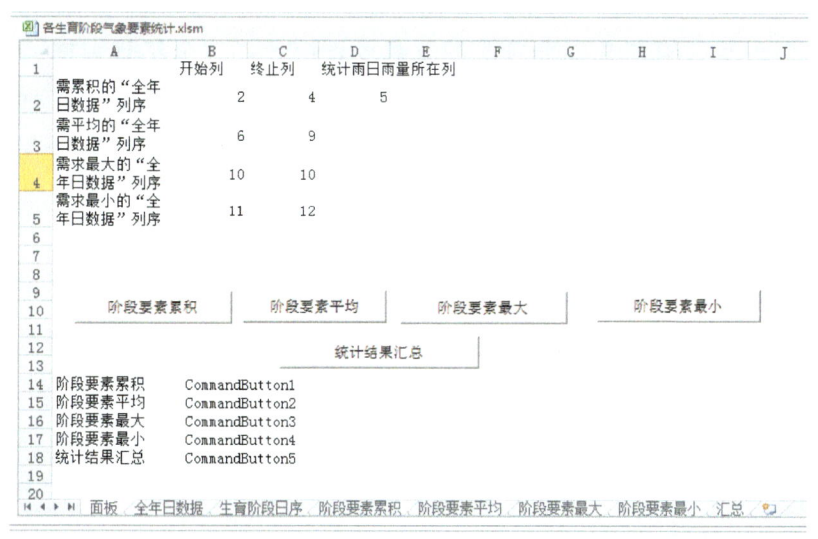

图6.3 各生育阶段气象要素统计程序主页界面

原始资料（图6.4）处理：一是第1列为日序，共365（366）d（行），首列为日序首行为要素名，夏收作物需从头年7月1日至翌年6月30日顺序排列资料。二是去掉非常数据，如日降水量“*”用“0”代替，不能出现“/”等符号。三是每天的最高气温与最低气温差值计算得每天日较差，并用以“数值”形式，进行选择性粘贴。

各生育阶段气象要素统计.xlsm

	A	B	C	D	E	F	G	H	I	J	K	L
1	日序	平均气温	日照时数	日降水量	日降水量	平均气温	平均相对湿	14时相对湿	日较差	最高气温	最低气温	最小相对湿度
2	1	3.8	6.0	0.0	0.0	3.8	55.0	27.0	12.5	10.4	(2.1)	23.0
3	2	5.9	0.0	0.0	0.0	5.9	51.0	43.0	5.0	8.9	3.9	37.0
4	3	5.6	6.8	0.0	0.0	5.6	66.0	47.0	12.0	11.8	(0.2)	46.0
5	4	6.9	0.0	0.0	0.0	6.9	73.0	55.0	12.5	13.5	1.0	55.0
125	124	20.6	0.0	0.0	0.0	20.6	79.0	74.0	4.1	23.3	19.2	70.0
190	189	24.9	2.0	0.0	0.0	24.9	83.0	64.0	11.3	31.5	20.2	57.0
245	244	25.6	9.7	0.0	0.0	25.6	82.0	61.0	11.2	31.9	20.7	56.0
281	280	20.8	4.3	1.6	1.6	20.8	90.0	73.0	7.7	26.1	18.4	67.0
282	281	19.9	5.6	0.0	0.0	19.9	88.0	67.0	11.0	26.5	15.5	64.0
283	282	19.1	9.3	0.0	0.0	19.1	70.0	34.0	10.8	25.4	14.6	30.0
284	283	18.8	9.0	0.0	0.0	18.8	67.0	22.0	15.4	28.4	13.0	21.0
285	284	18.3	10.1	0.0	0.0	18.3	64.0	33.0	17.5	28.3	10.8	25.0
286	285	18.2	9.2	0.0	0.0	18.2	60.0	29.0	15.7	27.4	11.7	23.0
287	286	18.2	6.7	0.0	0.0	18.2	75.0	47.0	15.1	26.2	11.1	45.0
288	287	20.8	7.3	0.0	0.0	20.8	75.0	50.0	14.8	28.4	13.6	46.0
289	288	21.0	9.0	0.0	0.0	21.0	75.0	54.0	13.8	28.7	14.9	46.0
290	289	21.4	6.8	0.0	0.0	21.4	79.0	48.0	13.9	29.1	15.2	46.0
291	290	21.1	6.4	0.0	0.0	21.1	74.0	47.0	13.9	29.3	15.4	39.0
292	291	21.9	7.9	0.0	0.0	21.9	75.0	50.0	13.5	29.7	16.2	47.0
293	292	20.7	2.6	0.0	0.0	20.7	65.0	49.0	9.1	26.6	17.5	45.0
294	293	19.3	8.9	0.0	0.0	19.3	69.0	46.0	14.9	27.9	13.0	38.0
295	294	19.1	8.3	0.0	0.0	19.1	76.0	44.0	15.1	28.3	13.2	40.0
296	295	18.8	0.0	0.0	0.0	18.8	77.0	64.0	9.3	24.3	15.0	61.0

面板　全年日数据　生育阶段日序　阶段要素累积　阶段要素平均　阶段要素最大　阶段要素最小　汇总

图6.4　各段要素统计程序气象数据源界面

本例为某站棉花各生育阶段的气象要素统计，“全年日数据”表中第B～E列，平均气温、日照时数、降水量放在一起，降水量因需要统计雨日，出现了两列，用于要素累积值和雨日的统计。第F～I列平均气温、平均相对湿度、14时相对湿度、日较差要计算平均值；第J列最高气温要计算最高值；第K～L列最低气温、最小相对湿度要统计最小值。

如果原始资料整理到位，该软件可轻松完成几十年的各生育阶段的气象资料整理。除在作物农业气象条件鉴定时应用外，该软件可用于其他各种作物、林特植物的农业气象方面的研究。

本例中，棉花生育阶段节点确定为4个阶段（图6.5至图6.6）：播种出苗期，蕾期（出苗—开花始期），花铃期（开花始期—吐絮始期），吐絮期（吐絮始期—停止生长）。

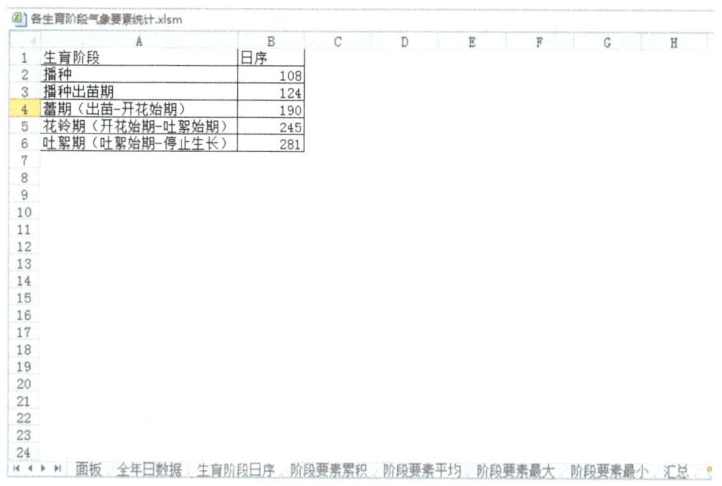

图6.5 各段要素统计程序生育阶段数据源界面

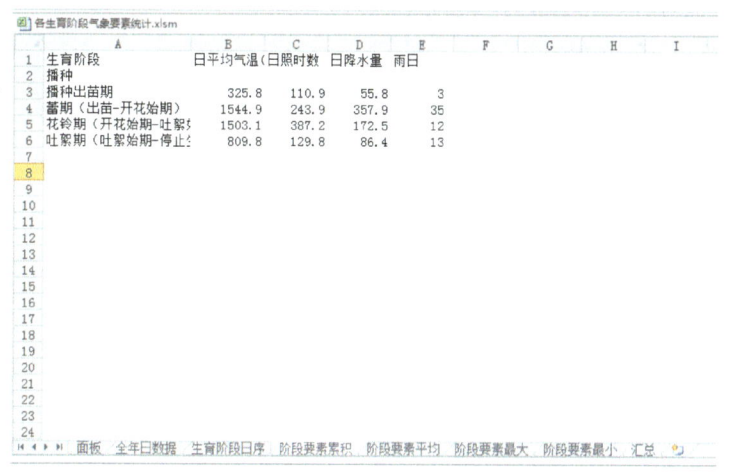

图6.6 各段要素统计程序各段气象要素统计结果界面

程序代码：

```
Public Function NO_SPACE_HANG(k As String) As Integer
Dim i, index
'统计表 K 首列第 1 个空格的行数的上一行行序
Dim temp As String

index = 0
For i = 1 To 1000
```

```
    temp = Sheets(k).Cells(i, 1)
     If Trim(temp) <> "" Then
    index = index + 1

    Else
      Exit For
    End If
  Next i
  NO_SPACE_HANG = index

End Function
'''''''''''''''''''''''''''''''''''''''''''


Private Sub CommandButton1_Click()
Dim i, j, k, k1, k2 As Integer
Dim rainday(50) As Integer
Dim i1, i2, j1
Dim sum1(50)
'阶段要素累积
For i = 1 To 50
    For j = 1 To 30
      Sheets("阶段要素累积").Cells(i, j) = ""
   Next j
Next i


k2 = NO_SPACE_HANG("生育阶段日序")
For k = 1 To k2

    Sheets("阶段要素累积").Cells(k, 1) = Sheets("生育阶段日序").Cells(k, 1)

Next k

For j = Sheets("面板").Cells(2, 2) To Sheets("面板").Cells(2, 3)
```

```
    Sheets("阶段要素累积").Cells(1, j) = Sheets("全年日数据").Cells(1, j)

Next j
    Sheets("阶段要素累积").Cells(1, Sheets("面板").Cells(2, 3) + 1) = "雨日"


For j = Sheets("面板").Cells(2, 2) To Sheets("面板").Cells(2, 3)
For k = 2 To k2 - 1

   i1 = Val(Sheets("生育阶段日序").Cells(k, 2)) + 1
   i2 = Val(Sheets("生育阶段日序").Cells(k + 1, 2) + 1)

    sum1(k) = 0
    rainday(k) = 0


For i = i1 + 1 To i2

    If Sheets("全年日数据").Cells(i, j) > 0 Then sum1(k) = sum1(k) + Sheets("全年日数据").Cells(i, j)

  Next i
    Sheets("阶段要素累积").Cells(k + 1, j) = sum1(k)


Next k

Next j


'统计雨日
For k = 2 To k2 - 1
```

```
    i1 = Val(Sheets("生育阶段日序").Cells(k, 2)) + 1
    i2 = Val(Sheets("生育阶段日序").Cells(k + 1, 2) + 1)

    rainday(k) = 0
    j1 = Val(Sheets("面板").Cells(2, 4))

  For i = i1 + 1 To i2

    If Sheets("全年日数据").Cells(i, j1) > 0 Then rainday(k) = rainday(k) + 1

  Next i
    Sheets("阶段要素累积").Cells(k + 1, Sheets("面板").Cells(2, 3) + 1) = rainday(k)


Next k

End Sub
'''''''''''''''''''''''''''''''''''''
Private Sub CommandButton2_Click()
Dim i, j, k, k1, k2 As Integer
Dim rainday(50) As Integer
Dim i1, i2, j1
Dim sum1(50)

'阶段要素平均
For i = 1 To 50
   For j = 1 To 30
     Sheets("阶段要素平均").Cells(i, j) = ""
  Next j
Next i



k2 = NO_SPACE_HANG("生育阶段日序")
```

```
For k = 1 To k2
    Sheets("阶段要素平均").Cells(k, 1) = Sheets("生育阶段日序").Cells(k, 1)

Next k

For j = Sheets("面板").Cells(3, 2) To Sheets("面板").Cells(3, 3)
    Sheets("阶段要素平均").Cells(1, j) = Sheets("全年日数据").Cells(1, j)

Next j

For j = Sheets("面板").Cells(3, 2) To Sheets("面板").Cells(3, 3)
For k = 2 To k2 - 1

    i1 = Val(Sheets("生育阶段日序").Cells(k, 2)) + 1
    i2 = Val(Sheets("生育阶段日序").Cells(k + 1, 2) + 1)

     sum1(k) = 0
     rainday(k) = 0

    For i = i1 + 1 To i2

       If Sheets("全年日数据").Cells(i, j) > 0 Then sum1(k) = sum1(k) + Sheets("全年日数据").Cells(i, j)
    Next i
       Sheets("阶段要素平均").Cells(k + 1, j) = sum1(k) / (i2 - i1)

 Next k

Next j

End Sub
```

```vb
Private Sub CommandButton3_Click()
Dim i, j, k, k1, k2 As Integer
Dim rainday(50) As Integer
Dim i1, i2, j1
Dim sum1(50)

'阶段要素最大

For i = 1 To 50
   For j = 1 To 30

   Sheets("阶段要素最大").Cells(i, j) = ""

 Next j
Next i



k2 = NO_SPACE_HANG("生育阶段日序")
For k = 1 To k2

   Sheets("阶段要素最大").Cells(k, 1) = Sheets("生育阶段日序").Cells(k, 1)

Next k

For j = Sheets("面板").Cells(4, 2) To Sheets("面板").Cells(4, 3)

   Sheets("阶段要素最大").Cells(1, j) = Sheets("全年日数据").Cells(1, j)

Next j


For j = Sheets("面板").Cells(4, 2) To Sheets("面板").Cells(4, 3)
For k = 2 To k2 - 1

    i1 = Val(Sheets("生育阶段日序").Cells(k, 2)) + 1
    i2 = Val(Sheets("生育阶段日序").Cells(k + 1, 2) + 1)
```

```
        sum1(k) = 0

 For i = i1 + 1 To i2

    If Sheets("全年日数据").Cells(i, j) > sum1(k) Then sum1(k) = Sheets("全年日数据").Cells(i, j)

  Next i
    Sheets("阶段要素最大").Cells(k + 1, j) = sum1(k)


Next k

Next j
End Sub
''''''''''''''''''''''''''''''''''''''''''''''''''''
Private Sub CommandButton4_Click()
Dim i, j, k, k1, k2 As Integer
Dim rainday(50) As Integer
Dim i1, i2, j1
Dim sum1(50)

'阶段要素最小

For i = 1 To 50
   For j = 1 To 30

  Sheets("阶段要素最小").Cells(i, j) = ""

  Next j
Next i
```

```
k2 = NO_SPACE_HANG("生育阶段日序")
For k = 1 To k2

    Sheets("阶段要素最小").Cells(k, 1) = Sheets("生育阶段日序").Cells(k, 1)

Next k

For j = Sheets("面板").Cells(5, 2) To Sheets("面板").Cells(5, 3)
    Sheets("阶段要素最小").Cells(1, j) = Sheets("全年日数据").Cells(1, j)
Next j


For j = Sheets("面板").Cells(5, 2) To Sheets("面板").Cells(5, 3)
For k = 2 To k2 - 1

   i1 = Val(Sheets("生育阶段日序").Cells(k, 2)) + 1
   i2 = Val(Sheets("生育阶段日序").Cells(k + 1, 2) + 1)

    sum1(k) = 999


  For i = i1 + 1 To i2
        If Sheets("全年日数据").Cells(i, j) < sum1(k) Then sum1(k) = Sheets("全年日数据").Cells(i, j)
  Next i
      Sheets("阶段要素最小").Cells(k + 1, j) = sum1(k)


Next k

Next j
End Sub
```

```
Private Sub CommandButton5_Click()
Dim i, j, k
'汇总

For i = 1 To 50
    For j = 1 To 30
    
    Sheets("汇总").Cells(i, j) = ""
    
   Next j
Next i




k2 = NO_SPACE_HANG("生育阶段日序")
For i = 1 To k2

   Sheets("汇总").Cells(i, 1) = Sheets("生育阶段日序").Cells(i, 1)


Next i

For j = Sheets("面板").Cells(2, 2) To Sheets("面板").Cells(2, 3) + 1
 For i = 1 To k2
    Sheets("汇总").Cells(i, j) = Sheets("阶段要素累积").Cells(i, j)
 Next i

Next j
  'Sheets("汇总").Cells(1, Sheets("面板").Cells(2, 3) + 1) = "雨日"

For j = Sheets("面板").Cells(3, 2) To Sheets("面板").Cells(3, 3) + 1
 For i = 1 To k2
    Sheets("汇总").Cells(i, j) = Sheets("阶段要素平均").Cells(i, j)
 Next i
```

```
Next j

For j = Sheets("面板").Cells(4, 2) To Sheets("面板").Cells(4, 3) + 1
  For i = 1 To k2
    Sheets("汇总").Cells(i, j) = Sheets("阶段要素最大").Cells(i, j)
  Next i

Next j

For j = Sheets("面板").Cells(5, 2) To Sheets("面板").Cells(5, 3) + 1
  For i = 1 To k2
    Sheets("汇总").Cells(i, j) = Sheets("阶段要素最小").Cells(i, j)
  Next i

Next j

End Sub
```

四、数据库资料备份

　　SQL Server等数据库系统，只是数据的一种载体，数据存在于载体之中，但一旦因为不可知原因，导致数据库系统崩溃，如果不做好备份，历经千辛万苦录入的资料就难以还原。在平时使用较频繁的文本文件，具有容量大，所占空间小文档小，所以要定时对数据库系统中的数据表内容进行全面读取，拷贝到文本文件中去，一个数据表对应一个文本文件。为了保险起见，备份资料可放在多个硬件设备中。为了保证SQL Server数据库系统崩溃后的重建，还要备份数据库创建的"CREATE"文档。

　　基于Excel2010上编制VBA宏代码后，注意将整个文档另存为"xlsm"扩展名文件，否则会前功尽弃。

第三节　提高农业气象条件鉴定水平

一、各主要发育期的出现日期与常年比较

在进行作物各生育阶段农业气象条件分析时，要综合考虑某一发育期出现迟早与品种、地力等其他因素的影响。生育期的变化可以利用生育期多气象要素的历史资料，组建成各发育期的气象模式，对各发育期或全生育期相关关系密切的关键气象因子进行定量分析评估。在发育期鉴定时，不必按《规范》中所列的每一观测发育期进行，可将作物全生育期分为几个大的发育阶段。如水稻可分为播种育秧期，返青分蘖期，孕穗开花期、灌浆成熟期和收获期。

二、农业气象条件对产量和产量结构要素形成的影响

除了描述当季作物产量及产量结构要素基本数据及其与前一年或前几年比较外，应根据当地农业气象条件，分别找出影响各产量构成要素的关键性天气和相应的天气类型，或者找出对其影响较大的关键时段的关键气象要素。可对有关历史资料进行相关分析，建立若干时段的某些气象要素与各种产量结构要素的统计模型，确定若干指标进行定量描述与分析。如水稻产量决定于单位面积有效穗、穗粒数、结实率和千粒重的大小。有人根据众多资料分析出双季早晚稻单位面积有效穗，穗粒数的多少与分蘖期、枝梗分化期、颖花分化期的日照时数、平均气温相关较好，充足的光照和适宜的温度对增加有效穗、穗粒数有利。

三、农业自然灾害鉴定

重点是在作物生育期间对生长、发育与产量有重大影响的农业气象灾害和病虫害进行评述分析。首先要简述作物灾害名称、发生时间时段、受害状况及其对产量影响程度。由于农业自然灾害地域性较强，鉴定时应具有本地种植制度和天气背景特点。农业气象灾害指标要确切，对病虫害进行评述分析时，应找出其发病、流行程度与气象因子的关系，重点是从这些气象因子着手，尽可能地进行定量描述。

四、年景或年型综合评定

结合以上鉴定和本作物实产进行综合评定。根据《规范》，产量分为5档：上、中上、中、中下、下。相应的全生育期农业气象条件也可分为5档：有利、较有利、一般、较不利、差。年景综合评定可以放在鉴定最后部分，也可放在最前部分。

五、构建各地产量与关键时段关键气象因子的定量关系

根据本地长年代的观测资料，分离出气象产量，利用关键气象因子进行回归分析，构建较好的气象产量与气象因子的定量关系模型，应用到作物农业气象条件鉴定中。

如湖州双季晚稻气象产量与气象条件的关系式：

$$Y_w = -301.4 + 10.358T_d - 2.37R_d + 3.549T_c$$

其中：Y_w为气象产量；T_d为8月上旬平均最低温度；R_d为9月上旬雨日；T_c为9月下旬至10月中旬平均温度旬较差（陈琦 等，1992）。

第四节 四种作物的农业气象条件鉴定范例

本节收录了湖北历史上水稻、小麦、棉花、油菜4种作物生育期间的农业气象鉴定个例[①]，供参考。

一、中稻生育期间农业气象条件鉴定

1. 苗期

播种到移栽期气候特点是高温高湿寡照，加之密度过大，造成秧苗纤细瘦弱、素质欠佳。从播种到移栽共33d，≥0℃的积温为693.9℃，平均每天气温21.0℃，比历年平均20.0℃高1.0℃，热量条件高于历年同期。但雨日雨量偏多，尤其是日照明显偏少，历年平均日照202.9h，该年仅有155.6h。另外

---

① 由于涉及历史资料保密情况，文中不提及具体年份和地区。

三叶至移栽的20d中，雨日就占了10d。5月14日和15日最低温度分别下降至12.8℃、12.0℃，此时秧苗正值三叶后期，虽无明显青枯死苗，但在5月17—18日调查秧苗叶尖时有黄枯现象。再加上密度过大，据三叶期调查，亩苗数比历年明显偏高，既争光又争肥，移栽时苗情为平均每株鲜重为0.25g，叶龄4.0，假茎宽0.27cm，叶长17.0cm，都低于这几年的考察结果。

2. 分蘖期

移栽到分蘖普期共23d，比历年平均多2d，温度偏低，雨量雨日偏多，日照偏少，加上该年地段秧苗移栽过深，对分蘖早发均有一定的影响，所以该年分蘖势弱，分蘖较少。由于后期加强了田间管理，施肥等工作，也弥补了以上一部分损失，秧苗长势好转。

3. 孕穗到成熟

孕穗期前后，天气以晴为主，温度适宜，雨量雨日适度，气温日较差平均为8.0℃，各项气象条件均能满足其生育需要。孕穗到成熟共34d，天气晴热少雨，日照偏多，平均相对湿度达到83%，尤其是开花阶段平均相对湿度84%，最小相对湿度也达67%，有利于开花授粉。灌浆乳熟阶段，晴雨相间，期间极端最高气温只有35.4℃，日较差较大，所以该年千粒重略有增加，达28.2g，比历年平均高0.1g。

该年中稻全生育阶段无明显灾害性天气发生，虽然干旱时间较长，自然降水缺乏，但分蘖期之后，气象条件对水稻生长发育均为有利，加之田间管理得当，该年中稻仍是一个可观的年景。据调查，全县平均亩产550kg，比历史最高单产531kg还高19kg。

二、小麦生育期间农业气象条件鉴定

本期观测的作物是冬小麦，品种是"宜麦一号"，该品种耐肥，抗倒伏，产量较高，为当地普遍种植的品种之一。

该作物10月26日播种，5月30日成熟，全生育期为216d。整个生育期间0℃以上积温为1 937.3℃；日照时数为1 007.1h；总降水量为412.2mm，降水日数为55d。

观测地段小麦于11月20日出苗达普遍期，播种至出苗间隔12d，积温为146.4℃，日平均气温为12.2℃，由于整地质量较差，造成出苗不齐，故生长状况被评为2类。

小麦出苗后三叶至分蘖期间，由于气温低，日平均气温为4.2℃，比历年同期4.8℃气温低0.6℃，因而大大延长了分蘖时间，从始期至末期历时53d之久，是近期观测以来分蘖时间最长的一次。

拔节至孕穗阶段，3月17日进入拔节普遍期，拔节期间日平均气温为4.5℃，5~50cm土壤湿度百分率在18.2%~23.4%，4月15日达孕穗普遍期，此阶段日平均气温为9.2℃，降水量为81.1mm，降水日数为10d，日平均日照时数为4.4h，对冬小麦的拔节、孕穗有利。

抽穗至开花期间，小麦此生育阶段要求天气晴朗、微风，日平均气温在16~21℃，相对湿度为70%~85%；土壤湿度占田间持水量为80%~90%。该年冬小麦从4月21—30日为抽穗、开花阶段。此期间日平均气温为17.2℃，相对湿度为79%，50cm土壤湿度占田间持水量为90%；特别是28—29日，天气晴朗，日平均日照时数10.1h，光照充足，对冬小麦开花授粉极为有利。

小麦从开花至成熟，其间隔日数为31d，积温632.0℃，平均气温为20.4℃，平均相对湿度为78%，降水量为188.4mm，气候条件对小麦后期生育有利。

综上所述，从小麦播种至成熟，所经历的不同生育阶段农业气候条件均较适宜，虽然拔节过后3月31日遇到大风降雪天气，使植株有倒伏和茎秆折断现象，但由于降雪持续时间短，随后转晴，对冬小麦生长发育未造成太大影响。根据初步分析，该年冬小麦不孕小穗率为13.0%，千粒重为39.2g，理论产量比大丰收的1982年408.9kg/亩还要高出52.7kg/亩。但因收获期间，雨水不断，使得冬小麦不能正常收获入库，浪费很大。收获期多雨是导致该年冬小麦产量下降的主要原因，故该年为平产年。

三、棉花生育期间农业气象条件鉴定

苗期（播种—现蕾）：该年棉花4月16日播种，比历年偏迟2d，从播种到出苗历时10d。此期间日平均气温为20.0℃，5cm地温达20.7℃，5~10cm的土壤湿度占田间持水量达80%左右，温度和湿度均较正常，所以出苗较整齐。从出苗到现蕾158d，此间日平均温度21.8℃，比历年平均22.1℃低0.3℃，5~10cm土壤湿度占田间持水量71%~87%，日照时数240.8h，比历年偏多，降水达239.2mm，与上年接近。6月上、中旬各有一段时间连阴雨天气，使现蕾比历年平均推迟5d，比上年推迟2d，因此该年苗期虽然植株生长良好，然而蕾期前有一段降水集中期，影响了正常现蕾，使蕾期推迟。

花铃期（现蕾至8月中旬）：从现蕾到开花普期24d，与历年接近，日平均气温达26.0℃，与历年接近。日照时数为121.2h，比历年略有偏少，降水量达144.1mm，比上年多28.3mm，比丰收的1984年多97.2mm，由于降水频繁，地下水位升至0.2m，10~20cm土壤湿度占田间持水量在87%以上，所以植株生长速度加快，开花期的植株高度比上年高5cm。"光温水碰头"（光足、温高、水分多同期出现），导致营养生长较旺，而生殖生长缓慢。尽管没有明显的灾害天气和病虫发生，但生殖生长比历年明显推迟。7月15日调查没有伏前桃。

裂铃—吐絮：8月下旬棉花开始裂铃，从开花盛期至裂铃历时43d，比历年平均38天多5d，比上年多10d，此段雨水特多，降水量达375.0mm，雨日达19d，日照比上年少12.3h，比历年平均少43.6h，所以造成该年棉桃僵烂率高达23.7%，比上年的12.5%高11.2%，比历年平均8.9%高14.8%。该年三桃比例也有明显变化，没有伏前桃，伏桃占65.8%，秋桃34.2%，比上年伏前桃少2.2%，伏桃少1.6%，所以此间多雨寡照是造成该年棉花比历年产量偏低的主要原因之一。10月20日拔秆，在拔秆前面雨日较多，晚秋桃的僵烂率比例升高。

综上所述，由于该年棉花苗期迟发；中后期雨水偏多，造成棉花三桃比例失调；收花期降水多，僵烂率明显提高。因此，该年观测地段年棉花产量偏低，但全县棉花单产81.5kg／亩，是历年最高单产的1984年的82.0kg／亩的99%，仍为丰年。

四、油菜生育期间农业气象条件鉴定

该年油菜播种至成熟全生育期225d，比历年平均少7d。播种前后，天气比较干旱，土壤含水量少，从播种至出苗期间降水量只有10mm，播后7d才到出苗期，比历年平均4d多3d。

出苗后，出现了连续17d降水，降水量达91.7mm，使土壤含水过多，通透性能差，根系呼吸作用减弱，同时日照时数相应减少，对正常的光合作用有一定影响，所以此段时期生长缓慢，出苗至五叶间隔29d，比历年平均多6d。

五叶后移栽，由于移栽前后土壤湿度适中，5d即活株，基本无死株现象，成活率高。

油菜冬前发叶多、苗期发育壮、开盘好，就可为丰收打好基础，但其前提是要求光、温、水均能满足需求。该年从活株到开盘57d，日平均温度达6.1℃，除12月上、中旬有4d低于0℃，其余都在0℃以上。光照达到245.2h，比较充足。在这将近两个月的时间内降水只有46.3mm，降水日数9d，降水明显不足。降水少，使温度和日照不能充分发挥应有的作用，土壤中的肥分也因土壤水分不足而不能及时转化让油菜吸收，导致该年分枝数只有7.5个，比1985年9.6个少2.1个，每株籽粒重也由上年的28.8g下降至13.1g，这是影响该年产量的主要原因。

同样现蕾、抽薹期间降水继续偏少，造成植株营养生长慢（差），但生殖发育快的不正常现象。该年播种期比上年推迟4d，而现蕾、抽薹比上年分别提前11d和10d，而植株高度分别低3cm和2cm。

进入开花期后，气温逐渐回升，平均日较差大，降水显著增加，植株生长速度明显加快，此阶段气候较正常，又无大风影响，所以对开花授粉有利。从开花期至4月24日，温度、降水适宜能满足籽粒充实需要，所以该年千粒重与历年接近，但从4月25日至5月2日一次连续8d的降水，降水量达126.0mm，渍涝使根系功能受损早衰，甚至有植株青枯死亡，这也是成熟期提前的一个原因。

综上所述，该年的不利气象因子对油菜产量有直接影响，观测田块产量结果每亩产量40.8kg，全县亩产为69.0kg，与历年最高产114.0kg相比，该年为欠年。

第七章 必备基础知识

第一节 昆 虫

一、昆虫的变态

昆虫一生中外部形态和内部构造都会发生一系列的变化，即称为昆虫的变态。若只经过卵、若虫、成虫3个阶段的发育过程，叫不完全变态，如叶蝉；若要经过卵、幼虫、蛹和成虫4个阶段的发育过程，叫完全变态，如三化螟。

二、昆虫的食性

昆虫的生活习性相当复杂，主要的生活习性有食性、趋性和休眠等。

昆虫的食性可分为以植物为食，以动物为食，以动植物尸体为食和以粪便为食。人们可利用这些特性进行害虫防治。对某些单食性害虫以一种植物为食物的，可采用轮作等措施，在一定时期内切断其食物供应，恶化害虫的生活条件常可收到明显的防治效果。如水稻和耐旱作物轮作可使三化螟因找不到食物而死亡。再如七星瓢虫主要以蚜虫为食；赤眼蜂以卵寄生，引起寄主昆虫（如棉铃虫、玉米螟）的死亡。利用它们来消灭害虫，这就是生物防治中的以虫治虫的防治策略。

趋性指昆虫的趋光性、趋化性。灯光灭蛾就是利用昆虫的趋光性。

第二节 植 物

一、根

（一）根的作用

根部从土壤中吸收的水分和溶于水的无机盐通过茎运送到地上各部。同时叶光合作用所制造的有机营养物质经过茎又运输到体内各部被利用或储藏。因此，茎的运输作用把植物体各部分的活动联成了一个统一体。

（二）根的分型

按照根系形态可分为直根系和须根系两种类型。

1. 直根系

直根系主要包括主根和侧根，主根的发育都比较旺盛。一般的双子叶植物都属于直根系，主要有棉花、油菜、雪松、石榴、蚕豆、蒲公英等。

2. 须根系

须根系的主根并不发达，其主要组成部分是不定根，须根系的主根在很早就停止生长，由茎的基部生出许多较长而粗细大致相同，呈须状或纤维状的根，这种根系称为须根系，一般的单子叶植物都属于须根系。生活中常见的水稻、玉米、小麦、葱、蒜等都属于须根系植物。

二、芽

芽的分类有以下划分标准。

1. 按芽的结构分类

可分为叶芽、花芽和混合芽3种。营养枝条的原始体叫叶芽；花或花序的原始体叫花芽；混合芽是既发育形成叶，又形成花或花序的芽。

2. 按生长位置分类

可分为顶芽和侧芽，大多数的侧芽着生在茎节的叶腋处（叶片向轴一面的基部称叶腋），侧芽又叫腋芽。

3. 顶端优势

顶芽和腋芽由固定位置发生，在植物的生长发育过程中，顶芽中含有分生组织，生长很快，对侧芽有一定的制约关系。当顶芽生长旺盛时，侧芽的生长就会受到抑制，这种现象叫作顶端优势。如果摘除顶芽，侧芽会很快就发育成枝条。在生产实践中，人们经常利用植物的顶端优势原理，对作物、果树、花卉等进行整枝、打杈或摘心，调整顶芽和侧芽的生长发育状况，提高作物和果树产量以及花卉的观赏价值。

4. 按生长状态分类

可分为休眠芽和活动芽。

三、花

花的基本结构是由花柄、花萼、花托、花冠、雌蕊以及雄蕊组成的。雄蕊和雌蕊又是由不同部分组成，雄蕊的组成部分是花药、花丝，雌蕊的组成部分是花柱、柱头以及子房。

四、植物的三大作用

（一）光合作用

新鲜植物体，80%~90%是源于土壤的水分；其余干物质中，约90%是碳化合物，10%为根吸收的无机盐。碳化合物源于CO_2，植物吸收CO_2，并同化为碳化物的经过，是植物的光合作用，又称碳同化作用。

光合作用的定义指绿色植物依靠叶绿体中的叶绿素吸收光能，把CO_2和水合成富有能量的有机物，如葡萄糖和淀粉等，同时放出O_2的生理过程叫作光合作用。同时，叶绿素只有在阳光下才能形成。气温太低，叶绿素会在叶子里面分解消失。提高光合作用效率，提升植物光能转化率和碳同化效率，进而提升农作物产量（李梦楠，2021）。目前我国的科学家通过改造光呼吸通道提高水稻光合作用效率，改造后的水稻植株光合作用效率、生物量、产量显著增加。

（二）呼吸作用

一切生物，不论是动物还是植物，为了进行其生命活动而需要的能量，都是来自于光合作用所产生的能量丰富的碳化合物的分解。也可以说是从碳化合物里摄取和利用由光合作用所固定的太阳能。呼吸供给维持一切生命活动的能量，在考虑物质生产时，呼吸作用与光合作用具有同等的重要性。

植物体吸收空气中的O_2，将体内的有机物转化成CO_2和水，同时，将储存在有机物中的能量释放出来的过程叫作呼吸作用。

（三）光合作用与呼吸作用关系

进行光合作用的主要部位是叶片，必须在光下进行，以水和CO_2作为原料，利用光能，场所在叶绿体里，制造有机物，储存能量，释放氧气；呼吸作用有光无光都可以进行，是所有生物的共同特征。主要是线粒体利用O_2，分解有机物，释放能量，满足生物的基本生命活动，同时放出CO_2。

如果没有光合作用制造的有机物，呼吸作用就无法进行。光合作用的原料及产物运输所需要的能量正是呼吸作用所提供的。

（四）蒸腾作用

植物的水分以气体状态从体内散发到体外的过程叫作蒸腾作用，主要在叶片进行。它可以促进植物体内水分及无机盐的运输；促进根部对矿质离子的吸收；降低植物叶片表面的温度。

关于蒸腾作用，葛亮等（2018）研究盆栽柑橘树日间蒸腾速率的变化规律及其与主要气象因素的关系，结果表明，柑橘树的蒸腾速率日变化呈双峰型曲线，柑橘树蒸腾速率与太阳净辐射、大气温度呈正相关关系，与大气相对湿度呈负相关关系。

气候变化背景下，高温热害频发已成为水稻高产、优质的一个重要限制因素（周倩兰 等，2019）。探明高温等非生物逆境调控水稻产量、品质的生理生态机制，对于水稻抗逆品种选育及栽培技术研发均具有重要的理论意义。植株温度既受光照、温度、湿度和风速等群体环境因子影响，也与蒸腾作用、呼吸作用等作物生理活动密切相关，是评价作物对高温等逆境适应程度的重要生理生态指标。周倩兰等剖析了籽粒温度的环境效应和生理效应，认为籽粒温度既受制于作物群体环境，也是蒸腾作用、呼吸作用等籽粒生理过程的表观反映，具有重要的生理生态意义。

李华贵等（2018）研究如何抑制蒸腾作用表明，如有发明制备的抗蒸腾剂，可以有效的抑制植物水分的蒸发；也有发明提供一种具有调节植物叶片气孔开闭（甘毅，2018），减少植物蒸腾作用功能的微生态制剂的制备方法。

五、单子叶植物和双子叶植物之间的差异

根据种子中子叶数目的不同，绿色开花植物可以分成单子叶植物和双子叶植物两大类（表7.1）。双子叶植物种子的胚具有两片子叶，如花生、大豆、棉花；单子叶植物种子的胚具有一片子叶，如水稻、小麦、玉米。

表7.1 单子叶植物和双子叶植物的差异

类别	单子叶植物	双子叶植物
种子	胚有一片子叶	胚有两片子叶
根	须根系	直根系
叶	多是平行脉	多是网状脉
茎	维管束散生，一般无形成层，茎长成后不再加粗	维管束排列成筒状，有形成层，多年生木本植物的茎逐年加粗
花	各部分的基数是3或是3的倍数，即3片、6片	各部分的基数是5或4，即5片、4片
植物科举例	禾本科、百合科	十字花科、豆科、菊科
植物举例	小麦、玉米、竹、水稻、葱、蒜、水仙	棉花、油菜、花生、大豆、梅、菊、南瓜

第三节 其 他

一、植物激素

（一）植物激素的类别与作用

植物激素，又称植物天然激素或植物内源激素，是指植物体内产生的一些微量而能调节（促进、抑制）自身生理过程的有机化合物。已知植物体内产生的激素有六大类，即生长素、赤霉素、细胞分裂素、脱落酸、乙烯和油菜素甾醇。

它们都是些简单的小分子有机化合物，但其生理效应却非常复杂、多样。从影响细胞的分裂、伸长、分化到影响植物发芽、生根、开花、结实、性别决定、休眠和脱落等。所以，植物激素对植物的生长发育有重要的调控作用。生长素、赤霉素、细胞分裂素能促进植物生长和发育过程，而脱落酸和乙烯的作用则是抑制植物生长，促进成熟和衰老。这几种激素在植物生长发育的不同时期除各有其独特作用外，还能互相促进或抑制，充分发挥调节植物生长发育的作用。一些矿质养分如氮、磷、钾和土壤逆境胁迫会影响植物根系激素的含量和分布，进而调控根系生长。

（二）生长素

生长素促进生长的主要原理是使细胞壁软化，易于生长。生长素除了促进植物生长以外，还能促进果实发育和促进生根等。生长素还有抑制生长的作用。

一般说来，低浓度促进植物生长，高浓度抑制植物生长。生长素浓度在0.1~1.0mg/L，是促进植物促进生长最适的浓度，逐渐超过这个浓度范围，则促进生长的作用就逐渐变小，最后抑制生长。

二、活动积温和有效积温

（一）活动积温

活动积温一般指作物全生育期内或某一生育时期内日平均10℃以上温度的总和。有效积温指的是作为全生育期内或某一生育阶段内的活动积温与日平均10℃之差有效温度的总和。

假设作物发育的下限温度为B（又称为生物学零度），凡是大于或等于B的日平均气温称为活动温度，作物在某发育期内各日活动温度的总和，即为活动积温。数学表达式为：

$$A_h = \sum_{i=1}^{n} t_i \quad (t_i \geq B, 否则, t_i = 0)$$

其中，A_h表示活动积温；B表示作物正常生长的下限温度；n表示作物某发育期经历的日期；t_i表示期间逐日的平均气温。

（二）有效积温

活动温度减去B（生物学零度）后的温度差，为有效温度。作物发育期内各日有效温度的总和即为有效积温（胡毅，1994）。

有效积温的数学表达式为：

$$A_y = \sum_{i=1}^{n}(t_i - B) = \sum_{i=1}^{n}(t_i) - nB = A_h - nB \quad (t_i \geq B，否则，t_i - B = 0)$$

在农业气象工作中，常用日平均气温稳定通过0℃、5℃、10℃、15℃、20℃等界限温度的初终日期和初终日期间的积温来表达某些作物发育期间或某些生产过程对热量条件的要求。

0℃期间的积温可认为是进行农事活动或农耕时期所要求的热量；5℃初终日期间的时期是冬作物和早春作物的生长季节，其间积温是这些作物生长季节所需热量的指标；10℃初终日期间的时期是喜温作物，如水稻、棉花、花生的生长期，其间积温是这些作物生长所需求的热量指标；≥15℃期间的积温可作为喜温作物积极生长所要求的热量指标；≥20℃期间的积温可作为种植双季稻的热量指标。

另外，≥10℃的活动积温职与年辐射之间存在着正比关系，10℃的初终日期又和大多数农事活动相关，因此，≥10℃的活动积温做热量指标就有其突出的物理意义和农业意义，在农业气象上用的比较多。

三、风干标准

产量分析时，地段产量和茎秆重都用风干重表示。风干是指把样本悬挂在阴处晾干，以根、茎、叶易于折断或者捏碎为标准，籽粒用牙咬易断并发生清脆碎裂声。

四、农田耕作方式

（一）连作

连作又称复种。复种棉花是指在前作物收获后，播种或移栽棉花。如油菜收获后，种植棉花，油棉两茬连作。

（二）轮作与休耕

轮作指在同一块土地上有顺序地在季节间和年度间轮换种植不同作物或复种组合的一种种植方式（王军 等，2016）。轮作是用地、养地相结合的一种生物学措施，有利于均衡利用土壤养分和防治病、虫、草害，能有效地改善土壤的理化性状，调节土壤肥力，是环境友好型的耕种方式之一。如实行玉米与大豆轮作，玉米是高耗能作物，长期种植玉米会出现连作障碍，土壤板结严重，肥力日渐瘠薄。而豆类是生物固氮作物，大豆固氮量为5～10kg／亩。粮豆轮作后，通过大豆的固氮作用，可使玉米和大豆的产量均获得提高。减轻了土壤板结，增加了有机质，土壤营养状况得以改善，轮作可改变某些病菌、害虫的生存环境，减轻了病虫害。不同作物栽培过程中所运用的不同农业措施对田间杂草有不同的抑制和防除作用。再如水旱轮作，双季稻田改为油菜—水稻模式，可改善土壤的通透性，增加作物根系在土壤中的活力。

休耕是一种特殊的轮作方式，在可种作物的季节以不耕不种或耕而不种的方式进行休养生息、以减少土壤养分消耗、促进土壤潜在养分转化（程玉龙 等，2019）。轮作休耕是将作物轮作与耕地休耕相结合，即耕地在轮作周期内，不同作物依次轮换在不同田块上进行种植，各田块依次实现休耕。休耕晒垡是采用深翻机具，将地表植被和作物秸秆翻至耕作底层；同时将多年浅耕作业造成的犁底层土壤翻至地表，使其经受太阳曝晒和雨水冲蚀，起到加大耕层深度、改善土壤通透性、培肥地力和保水保肥的作用。

（三）间作与套作

间作一般指几种作物同时期播种。间作作物的共生期至少占作物的全生育期的一半（雷新南，2017）。套种是在前季作物生长的株行间，播种或移栽后季作物的种植方式。套种作物的共生期一般不超作物的全生育期的一半。间作和套种也可称为立体农业，是充分利用种植空间和资源的一种农业生产模式。间作套种作物搭配方式多种多样，经验很多。

1. 植株应高矮搭配

高矮搭配有利于通风透光，并使太阳光能得以充分利用。如玉米与大豆或绿豆间作，魔芋和玉米、向日葵等高秆作物间作套种。

2. 对病虫害能相互制约

如大蒜套种玉米，大蒜分泌的大蒜素能驱散玉米蚜虫，使玉米菌核病发病率下降。大蒜与棉花、油菜等作物间作套种，也能减少蚜虫等虫害发生。

3. 根系应深浅不一

即深根系作物与浅根系喜光作物搭配，合理利用土壤中的空间、养分和水分，促进作物生长发育，达到降耗增产的目的。

4. 圆叶形与尖叶形搭配

如玉米与花生间作。玉米尖形叶，花生圆形叶，一起种植不会互相挡光，提高光能利用率。

5. 作物成熟时间要错开

晚收的作物在生长后期可充分吸收养分和光能，促进高产；而且，错开收获期可避免劳力紧张，又有利于套作下茬作物。

另外，还有枝叶类型宜一横一纵、耐阴作物宜与抗旱喜阳作物搭、结实部位宜地上和地下相间、品种间要互利，相亲而不相克、种植密度要一宽一窄、缠绕型与秆型搭配、爬蔓型与直立型搭配等。

参考文献

卞超，2018. 小麦锈病防治途径[J]. 农民致富之友（17）：134.

蔡良华，杨烈贤，赵永根，等，2006. 油菜裂茎与菌核病发生程度关系初探[J]. 中国植保导刊（3）：16，25.

曹奎荣，陈婕，王晔青，等，2021. 不同品种水稻稻曲病发生情况及原因分析[J]. 中国植保导刊，41（7）：60-62，91.

陈建军，翟炳轩，王锐，等，1998. 棉花黄萎病和枯萎病的识别、发生与防治[J]. 农村科技（7）：2-3.

陈建伟，2021. 江苏省2021年新收获小麦质量调查报告[J]. 现代面粉工业，35（4）：39-43.

陈琦，丁周青，1992. 农作物生育期间农业气象条件鉴定方法[J]. 浙江气象科技（3）：41-43.

陈晓娟，2012. 白背飞虱和褐飞虱的识别和防治技术[J]. 四川农业科技（8）：46-47.

程玉龙，张文斌，黄裕飞，等，2019. 土地轮作休耕发展特征及建议[J]. 现代农业科技（19）：180，184.

戴钦，2016. 油菜菌核病发生规律及防控措施[J]. 安徽农学通报，22（6）：95，105.

董合忠，2021. 农机农艺融合实现轻简高效植棉[J]. 农机市场（1）：27-28.

甘毅，钱陈，杜凤昆，2018. 一种具有减少植物蒸腾作用功能的微生态制剂及其制备方法：CN108902182A[P].2018-11-30.

高春庭，2012. 水稻延迟性冷害发生原因及其防控措施[J]. 科学种养（10）：29.

高建芹，龙卫华，浦惠明，等，2020. 菜油兼用型油菜新品种薹油1号的选育[J]. 长江蔬菜（12）：39-42.

高俊平，高庆刚，曹秀芬，2021. 2020年菏泽市小麦主要病虫害发生特点及防治措施[J]. 农业科技通讯（6）：231-233，322.

葛亮，董晓华，李璐，等，2018. 气象因素对柑桔树植株日间蒸腾作用的影响研究[J]. 节水灌溉（12）：17-23.

顾思凯，2018. 油菜次生休眠特性与含油量、脂肪酸、硫苷的相关性研究[D]. 扬州：扬州大学.

郭建茂，白玛仁增，梁卫敏，等，2019. 两湖地区水稻抽穗开花期高温热害时空分布[J]. 中国农业气象，40（1）：51-61.

国家气象局，1993. 农业气象观测规范[M]. 北京：气象出版社.

河南省植保植检站，2015. 河南农业病虫原色图谱·粮棉油作物卷[M]. 郑州：河南科学技术出版社.

胡毅，1994. 应用气象学[M]. 北京：气象出版社.

胡正军，田祖庆，张运胜，2005. 油菜大面积倒伏返花的原因分析及预防措施[J]. 作物研究（1）：26-27.

湖北省农业厅，湖北省气象局，2009. 农业灾害应急技术手册[M]. 武汉：湖北科学出版社.

黄成亮，2021. 黑龙江省稻曲病的发生与防治[J]. 现代农业科技（10）：99-101.

黄亚宗，汤文超，周志国，等，2021. 2021年罗田县小麦赤霉病偏重发生原因及防治对策[J]. 湖北植保（4）：47-48.

姜海涛，党爱华，王树堂，2012. 水稻的生物学特征及其在生产上的应用[J]. 科技与企业（10）：288.

蓝天琼，刘成家，高家旭，等，2011. 开县再生稻栽培现状与发展策略[J]. 南方农业，5（S1）：94-96.

雷新南，2017. 作物间作套种有讲究[J]. 农村新技术（7）：10-11.

李德友，何永福，陆德清，等，2010. 油菜蚜虫发生危害规律及防控技术[J]. 西南农业学报，23（5）：1757-1759.

李冬，曹超喜，江龙堤，等，2016. 叶面肥的特点及施用[J]. 湖北植保（5）：63-64.

李桂琴，米晓辉，2011. 金塔县棉花红蜘蛛重发成因及防治[J]. 甘肃农业科技（4）：61-62.

李进永，张大友，许建权，等，2008. 小麦赤霉病的发生规律及防治策略[J]. 上海农业科技（4）：113.

李华贵，2018. 一种降低植物蒸腾作用的抗蒸腾剂及其制备方法：CN109042632A[P]. 2018-12-21.

李梦楠，2021. 中国科学院院士匡廷云：加强光合作用研究支撑可持续发展[N]. 海南日报，2021-03-21（A3）.

李涛，路雪君，廖晓兰，等，2010. 水稻纹枯病的发生及其防治策略[J]. 江西农业学报，22（9）：91-93.

李延伶，王霞，白建忠，2011. 武邑县小麦白粉病发生的气象条件及防治策略[J]. 现代农业科技（3）：183.

李艳霞，杨卫兵，尹燕枰，等，2019. 小麦小穗不同粒位粒重形成的生理特性差异[J]. 作物学报，45（11）：1715-1724.

李玉林，2009. 棉盲蝽的识别与防治[J]. 农技服务，26（8）：89-90.

李淑贞，吴婉坡，于维学，1982. 不同类型春小麦不孕小穗和退化小花形成特点及氮磷对增穗增粒的影响[J]. 黑龙江科学（3）：13-18.

林敏，2021. 农业生物育种技术的发展历程及产业化对策[J]. 生物技术进展，11（4）：405-417.

刘漂，陈庆富，2009. 普通小麦正常小穗数与基部退化小穗数之间的相关性研究[J]. 贵州师范大学学报（自然科学版），27（4）：1-5.

刘淑红，梁丽鹏，李翠芳，等，2019. 冀中南地区棉花立枯病的发病规律及综合防治技术[J]. 农业科技通讯（8）：340-341.

刘卫华，赵东风，项小敏，等，2021. 双低甘蓝型油—菜两用高产栽培技术[J]. 上海蔬菜（1）：32-33，37.

刘银秀，吴建磊，李彩虹，等，2019. 农业气象作物观测中要素内部一致性错误探因[J]. 湖北农业科学，58（S2）：167-171.

刘银秀，匡晓为，王星宇，等，2021. 农业气象观测中各种棉花产量属性浅析[J]. 湖北农业科学，60（S1）：77-80.

卢布，丁斌，吕修涛，等，2010. 中国小麦优势区域布局规划研究[J]. 中国农业资源与区划，31（2）：6-12，61.

缪文，2014. 油菜有效角果偏低的原因及防治措施[J]. 四川农业科技（8）：39.

庞战士，2018. 水稻螟虫的识别与防治技术[J]. 园艺与种苗，38（8）：42-44.

盛保兰，1965. 棉小造桥虫发生规律的初步分析[J]. 昆虫知识（2）：96.

帅细强，蔡荣辉，刘敏，等，2010. 近50年湘鄂双季稻低温冷害变化特征研究[J]. 安徽农业科学，38（15）：8065-8068.

孙思思，2018. 大气低频振荡对中国稻飞虱迁入的影响[D]. 南京：南京信息工程大学.

唐立志，2020. 水稻稻瘟病田间识别及综合防治技术[J]. 现代农业（9）：43-44.

王春芝，2008. 3种小麦蚜虫的形态识别与防治技术[J]. 农技服务（3）：50，85.

王剑，朱燕，赵黎宇，等，2020. 水稻白叶枯病的发生流行与防治技术[J]. 四川农业科技（10）：35-36，39.

王军，张海生，李方舟，等，2016. 粮豆轮作——促进农业可持续发展的有效决策[J]. 大豆科技（4）：22-24.

王庆轶，孙婷，王东，等，2021. 灌云县水稻塑盘旱育抛秧生产技术规程[J]. 农家参谋（10）：38-39.

王荣堂，1993. 作物气象[M]. 武汉：武汉大学出版社.

王尚明，张崇华，曾凯，等，2009. 水稻拔节观测方法对比试验[J]. 气象科技，37（2）：196-197.

王世杰，2007. 豫教2号小麦品种在湖北省试种的高产性分析及栽培技术[J]. 河南教育学院学报（自然科学版）（4）：33-34.

王祥忠，2011. 棉花常见害虫的识别与防治[J]. 农技服务，28（7）：988-989.

王艳林，2017. 化学除草剂的发展现状与开发前景[J]. 南方农机，48（21）：47，49.

王艳云，2021. 菏泽市小麦条锈病发生程度与气象因素相关性分析及其防治对策[J]. 中国农技推广，37（4）：85-87.

王燕，王国槐，2007. 薹油两用蔬菜的研究现状及其发展对策[J]. 安徽农业科学，35（29）：9194-9195.

王志伟，王建勇，2021. 濮阳免耕旱撒播稻生产技术瓶颈及关键技术探究[J]. 基层农技推广，9（2）：12-14.

王祥忠，2011. 棉花常见害虫的识别与防治[J]. 农技服务，28（7）：988-989.

魏丹，蔡姗姗，周宝库，等，2021. 一种有机硅大豆种子包衣剂及其制备与应用：CN111226967B[P]. 2021-08-17.

吴洪勇，2018. 气象因素对水稻生产发育的影响[J]. 农民致富之友（14）：247.

夏奎，杨洪宾，卢家文，2018. 小麦自走式镇压机控旺增产效果明显[N]. 山东科技报，2018-09-26（2）.

邢红飞，邢后银，王明海，等，2021. 南京地区粳稻套播紫云英轻简化栽培技术[J]. 现代农业科技（5）：33-34.

徐楚年，1982. 棉花[M]. 北京：科学普及出版社.

许艳云，郭子平，张求东，等，2021. 湖北省2021年小麦赤霉病防控试验示范初报[J]. 湖北植保（4）：16-18.

杨爱萍，冯明，刘安国，2009. 湖北省水稻盛夏低温冷害变化特征分析[J]. 华中农业大学学报，28（6）：771-775.

杨荣明，2014. 油菜主要虫害发生特点及防治方法[J]. 农家致富（2）：34-35.

杨文钰，屠乃美，2011. 作物栽培学各论：南方本[M]. 2版. 北京：中国农业出版社.

叶泗洪，路曦结，刘柏林，等，2021. 转基因抗虫棉庆棉1号选育及轻简化栽培技术[J]. 中国棉花，48（7）：31-32.

易妍睿，吴润，方华，等，2016. 湖北省绿肥（紫云英—油菜）混播高效栽培技术[J]. 中国农技推广，32（11）：43-44.

尹才秀，刘银发，罗达峰，等，2013. 油菜菌核病的发生特点及综合防控技术[J]. 现代农业科技（18）：139-140.

尹可鉴，2012. 油菜新法收割—堆捂收割法的注意事项[J]. 云南农业科技（4）：35.

于超伟，2020. 不同叶面肥在晚播小麦上的应用效果[J]. 河南农业（16）：11-12.

袁道仁，夏松波，杨新笋，等，2002. 鄂东地区稻田3熟轻型种植模式的效益与技术[J]. 耕作与栽培（5）：10-11，46.

张莉，丁征宇，2021. 2020年洛阳市小麦条锈病重发生特点分析及防控措施[J]. 中国农技推广，37（4）：83-84.

张文斌，任丽，钱丰，等，2021. 2019—2020年度陕西咸阳小麦条锈病流行动态及成因探讨[J]. 中国植保导刊，41（5）：39-43.

赵慧，张琪，张梅萍，等，2021. 2020年渭南市小麦条锈病发生情况与防治策略[J]. 农业科技与信息（16）：37-39.

赵越楠，肖成鹏，2015. 平坝区乐平镇水稻穗颈稻瘟病防治方案[J]. 农技服务，32（8）：114.

赵云娟，2014. 临汾小麦蚜虫的发生与防治策略[J]. 农业技术与装备（6）：54-55.

郑强，2019. 南阳市小麦冬前管理技术要点[J]. 农技服务，36（12）：43，45.

郑少萌，2019. 河南省小麦品种春化特性和光周期特性的遗传变异[D]. 郑州：河南农业大学.

周传宝，程其江，蒋宏斌，1995. 油菜霜霉病发生规律及防治策略[J]. 湖北植保（4）：14.

周倩兰，李怡，肖枫，等，2019. 水稻植株温度的研究进展与展望[J]. 杂交水稻，34（5）：1-6.

附录1 冬春气候异常导致小麦"豫教2号"结实障碍的分析

刘银秀[1]，邓运[2]，熊守权[3]

（1.湖北省荆州市气象台，湖北荆州，434000；2.长江大学农学院，湖北荆州，434025；3.湖北省恩施州气象局，湖北恩施，445000）

摘　要：2007年4月，荆州部分地区发生新引进小麦品种"豫教2号"严重的结实障碍。通过对荆州市2006—2007年冬春气象资料和同时期小麦生长发育定点观测资料的分析，表明该年10月下旬至11月中旬气温比常年明显变暖，导致小麦生育明显提前；3月上旬和4月上旬经历两次较明显的冷空气过程，使气温接近小麦孕穗期的受害临界温度，从而导致结实障碍。因此，在全球气候变暖形势下，本地区是否适宜引进和如何引进偏春性的小麦品种，有待进一步探讨。

关键词：气候异常；小麦结实；障碍；引种

2006年10月至2007年4月，荆州市部分地区发生新引进小麦品种"豫教2号"结实率严重偏低的现象。笔者应荆州市种子管理部门邀请，与农业、植保、科研等单位的专家展开相关调查。本文在田间调查的基础上，对造成这一现象的原因进行了分析和探讨。

1　材料与方法

1.1　田间受害调查

荆州区马山镇银荷农技种业中心，于2006年9月从河南滑县种子公司购进

"豫教2号"小麦种子销售,在荆州区几个乡镇种植。有数十公顷田块结实率偏低,农民反映强烈。专家组于2007年5月10日赴纪南镇岳场村和马山镇联山村,对5个农户共计4公顷田块进行了田间调查。

1.2 气象资料来源与分析

采用1954—2007年荆州市气象局气象资料,分析小麦生育期间气候变化情况。同时,采用荆州农业气象试验站1981—2006年小麦观测历史资料,对该年度小麦生育期变化做出评价。评价气温的算法标准,采用中国气象局《全国气候影响评价》标准[1],利用平均气温距平P与标准差Q的比值来判断气温是否异常,即1级为$P/Q \leq -2$,表示异常偏低;2级为$-2 < P/Q \leq -1.5$,表示显著偏低;3级为$-1.5 < P/Q < -1$,表示偏低;4级为$-1 \leq P/Q \leq 1$,表示正常;5级为$1 < P/Q < 1.5$偏高;6级为$1.5 \leq P/Q < 2$,表示显著偏高;7级为$P/Q \geq 2$,表示异常偏高。关于积温的计算,由于本地日平均气温0℃以下天数较少,为便于计算,积温值为≥0℃的活动积温。

1.3 结实障碍调查

每个农户种植田块田间随机取样5点,每点顺序取20穗,共100穗考查结实率。结实率按以下公式计算:结实率(%)=[实粒数/(小穗数×2.5)]×100%。

2 结果与分析

2.1 小麦受害程度调查

2.1.1 冬春气温异常偏高,致使小麦生育进程加快

表1为荆州农业气象试验站观测地段半冬性小麦观测资料,其播种日期为2006年10月29日,比历年平均播种期提前2d;2月14日拔节;3月16日孕穗;3月25日抽穗,比往年提前13d。

可见2006—2007年冬春气温异常偏高,致使小麦生育进程加快,在荆州市春季气温稳定通过12℃日(常年为4月3日)前过早抽穗扬花。

表1　2006—2007年冬春异常气候条件对常规小麦（半冬性）生育期的影响情况

生育期	日期（月-日）	较往年同期（±d）	>0℃积温（℃）	积温距平（±℃）
播种	10月29日	早2d	37	37
出苗	11月7日	早4d	219	83
分蘖	11月28日	早7d	431	94
拔节	2月14日	早4d	926	193
	2月下旬		1 016	232
孕穗	3月16日	早14d	1 183	246
抽穗	3月25日	早13d	1 370	304
	4月中旬		1 705	339
	4月下旬		1 881	335
乳熟	5月3日	早2d	2 117	378

2.1.2　5月10日"豫教2号"田间结实障碍调查

5月10日田间结实率调查表明，受害品种结实率降低严重。部分田块结实率降低到50%以下（表2）。但也有部分田块结实率接近正常水平（如表2中的5号田块）。通过走访农户，受害农田的播种期均属当地小麦习惯播种期播种。5号田块明确为10月31日播种，调查时正处于乳熟普遍期；1~4号田块播种期不明确，但1~4号田块5月10日已经成熟，从对比推断来看，播种期可能在10月20日前。

表2　田间结实率调查结果

田块序号	调查地点	田块面积（公顷）	田块结实率（%）
1	纪南镇九店岳场二组	1.0	46.0
2	纪南镇九店岳场二组	2.7	67.7
3	纪南镇九店岳场七组	0.3	49.8
4	纪南镇九店岳场七组	0.2	35.4
5	马山镇联山村一组	1.7	85.1

2.2 气候条件分析

2.2.1 秋季气温异常偏高及1月上旬至2月下旬遭遇异常暖冬天气过程

2006年10月中旬、11月上旬平均气温$P/Q \geqslant 2$，异常偏高；2007年2月各旬平均气温P/Q为1.1~1.7，为5~6级，属偏高或显著偏高。从图1（荆州站2006年10月至2007年4月下旬平均气温P/Q变化情况）可以看出，该阶段旬平均气温P/Q正值数占大多数，负值数占少数。

2006年10月下旬至2007年2月底0℃以上的活动积温达1169℃，比有史以来的同期0℃以上的活动积温1008℃高160℃（在历史上排第四位）。这无疑是使小麦加速生育进程的主要原因。

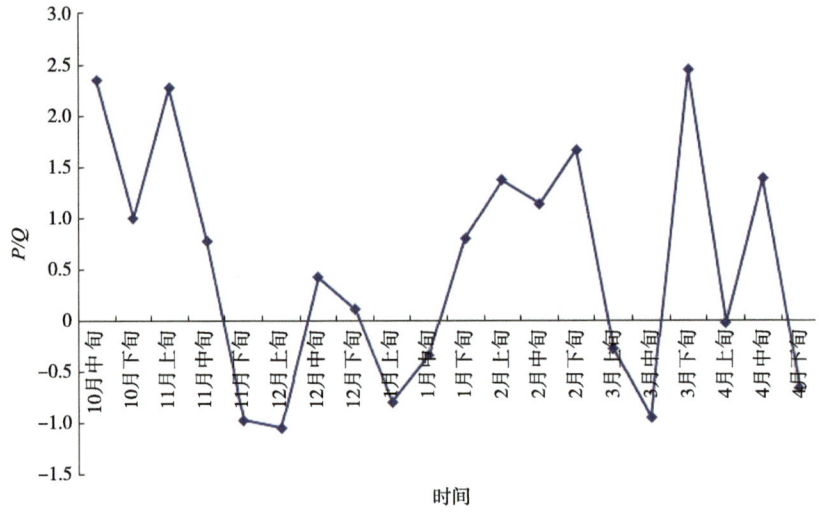

图1 荆州站2006年10月至2007年4月下旬平均气温P/Q变化情况

2.2.2 3月上旬和4月上旬遭遇强冷空气过程

从2月27日到3月4日出现了连续6d的阴雨天气过程，3月3—5日出现了一次较强的冷空气活动，连续三天均有5~6级偏北风。5日最高气温比3日下降近10℃。3月6—7日两天荆州站极端最低气温只有1.9℃，地面最低温度分别只有0.8℃和0.3℃。3月9日地面最低温度降至-0.3℃，使地面结霜。

3月底至4月上旬初及中旬初经历两次较明显的冷空气活动。从3月31日开始，受北方较强冷空气影响，荆州市出现了较大幅度的降温，荆州站日平均气温由3月30日的25.1℃下降至4月4日的10.3℃，过程降温近15℃。虽然3日、

4日两天日平均气温分别为10.8℃和10.3℃，过程最低气温却只有7.2℃。

3月上旬和4月上旬遭遇强冷空气过程，是导致小麦发生结实障碍的关键原因。

3　结论与讨论

荆州市在10月20日前过早播种的小麦，大都在年前（2月18日）左右拔节。试验研究表明，小麦拔节至抽穗期抗寒能力明显减弱，在拔节后16d以上，最低气温低于1℃，就会产生轻度冻害，低于0℃，就会产生重度冻害。而这些提早播种的小麦在最敏感时期，却遭遇到3月上旬的春霜冻而受害[2]。

查阅荆州农业气象试验站1981—2006年小麦（半冬性）观测历史资料，播种期到孕穗期期间0℃以上的活动积温1 210～1 410℃。2006年10月12日至2007年3月7日的0℃以上的活动积温1 420℃，2006年10月22日至2007年3月7日的0℃以上的活动积温1 205℃。也就是说，2006年10月12—22日播种的小麦（半冬性）一般在2007年3月7日左右孕穗。而偏春性小麦因春化时间比半冬性小麦一般少5d或以上，2006年10月17—27日播种的偏春性小麦可能在2007年3月7日左右孕穗。由于偏春性小麦孕穗期对低温反应最为敏感[3]，使之遭受冻害，造成育性降低或不育，导致不孕小穗率显著提高，结实率明显降低。在对低温抗性较差的品种上表现尤为明显。另外，4月初的低温也可能使正在抽穗扬花的小麦花粉活性降低，导致小麦结实率的降低[4]。

然而，同样是"豫教2号"的5号被调查田块，由于较常年播种期的上限期（10月15日左右）推迟较多，因孕穗敏感期未遭遇低温冻害，故结实率在80%以上。

荆州市小麦传统上以半冬性品种为主。本研究表明，像"豫教2号"等"偏春性"品种，尽管可能具备较好的丰产性，但其受低温冷害的可能性很大，必须认真对待，提出建议如下。

（1）合理引种

小麦北种南引，对偏春性品种而言，应审慎引入早熟和春性强的品种。因引入地比原产地气温偏高，会使生育进程加快，拔节提前，易遭受春季霜冻危害，而且营养生长期过短，幼穗分化期亦较短，不易形成大穗多粒，故宜引进迟熟高产优质品种。

（2）适期播种

在全球气候变暖的总体趋势下，荆州近54年来年平均气温也呈整体上升趋势。1986年以来气温偏高较多，暖冬特征明显，应该重视本地区潜在可能发生的极端天气气候事件。在暖冬的情况下，适当迟播，防止冬前旺长，更有利于本地区小麦避过冻害，获得高产。在新形势下荆州是否适合种植"豫教2号"等"偏春性"品种，适合种植适宜播种期又如何，应该首先进行严密的试验论证，然后才能决定，不可盲目行事。

（3）采用栽培技术减轻危害

在出现暖冬天气时，注意对长势过旺，生育期提前的品种采取适当喷施生长抑制剂、镇压等抑制措施，以减轻冻害的影响[5]。

参考文献

[1] 裴洪芹，杜立树，张可欣，等. 气候变化对临沂冬小麦生产的影响及对策[J]. 安徽农业科学，2007，35（10）：2974-2976.

[2] 邓善来，吴全衍. 农业气象知识[M]. 北京：科学出版社，1983.

[3] 冯刚，徐迅一，姜宪琪，等. 暖冬气候对小麦生育的影响及对策[J]. 作物杂志，1999（6）：21-22.

[4] 朱自玺. 小麦抽穗开花期低温对结实率的影响[J]. 河南农业科学，1991（12）：3-4.

[5] 敖立万. 湖北小麦[M]. 武汉：湖北科学技术出版社，2002.

附录2　湖北历史农气报表数字化资料录入实践与思考

刘银秀[1]，熊守权[2]，刘雯[1]

（1.湖北省气象信息与技术保障中心，湖北武汉　430074；
2.湖北省气象服务中心，湖北武汉　430205）

摘　要：气象资料信息化处理是将纸介质历史气象资料转为电子介质信息，包含图像扫描和资料录入两个步骤。由于农气报表项目多，内容相对复杂，录入工作远落后于地面气象观测资料。本文旨在探索如何通过Excel直观录入，结合人工编程进行提取汇总，达到获取较为完整优质的历史农气资料电子信息，方便对其进行检索和利用的目的。

关键词：省级；纸质；农气报表；Excel录入；汇集；整理

引言

气象资料信息化处理是将纸介质历史气象资料转为电子介质信息，并对气象资料电子信息进行检索和利用，它包含图像扫描和资料录入两个步骤。目前已经完成历史地面气象月报表中基本定时观测资料的信息化处理；其他各类气象观测报表以及地面气象观测各类自记纸的图像扫描和资料录入，已经或正在完成，对相关难点的技术研发也比较多。

农业气象资料实时资料的信息化处理，目前已经有完善的系统研发。在历史农气报表数字化方面，目前湖北已经完成了农业气象资料扫描数据集的制作；根据"土壤水分观测记录年报表（农气表-2）数字化录入格式"，进行了农气表-2的录入，但录入工作不能保质保量，录入资料完整性和正确性无法把握：一是因为大量在农气表-1中土壤水份资料被漏录，二是因为1份农气表-2被拆分为土壤重量含水率、相对湿度、有效贮存量、总贮存量、物理参数、地下水位等多个文档，文件太多，人工校对太难。根据中国气象局减灾司"三农"专项建设的有关要求，省局减灾处2014年组织全省各农气站对历史农业气象观测报表进行了人工录入Excel表。省信息保障中心，按照特定单元格与特定内容相匹配的思路，进行了数据提取编程工作。因时间紧迫，技术难度高，无论是信息录入环节，还是资料处理环节，均存在不同的问题，导致其最终结果远没有达到存档备用的质量水平。从侧面对全国情况的了解，历史农气报表数字化资料录入工作进展和效果也不是很好。

气象信息数字化资料录入格式规定（如"土壤水分观测记录年报表（农气表-2）数字化录入格式"）中，具有基本不含汉字（以阿拉伯数字为主）、命名和内部结构格式严谨、一份纸介质源报表被录入电子文档后，变为多份文本文件等特点。如果直接从纸质报表向规定文档录入相关内容，在录入前，录入者既要熟悉纸质报表格式，又要认真领会录入格式文件内容；录入过程存在一份报表，录入多个文件，录入者需要较高频次地在不同内容和不同报表之间转换，要么反复开合报表，要么思路在不同内容中转换。相比土壤水分观测记录年报表（农气表-2），农气表-1要素构成更为复杂，大的项目分项有20多项。因此，在不借助任何软件的条件下，历史农气报表数字化资料录入工作事倍功半。Excel录入模板文档，与纸质报表版式相近，数据录入时直观明了。对录入数据进行归集整理后，可直接应用VBA编程，生成符合类似"土壤水分观测记录年报表（农气表-2）数字化录入格式"要求的格式化文件。

与地面气象观测资料相比，农气观测资料具有内容繁多、项目细节地域差别大，新、老版《农业气象观测规范》数据结构改动多等特点。如何更好地做好预案，使得信息录入中规中矩、资料处理灵活机动，笔者在对湖北省人工录入Excel表二次处理实践的基础上所得到的成功经验和失败教训进行了总结和探讨，以期为最终圆满完成历史农气报表数字化资料录入提供参考。

1　资料来源与方法

资料来源为2014年湖北所有农业气象观测站，人工录入Excel表的1981—2013年农业气象观测报表资料。其中每份农气报表是一个独立的Excel文档，文档基本按照纸质文档的格式，分成若干个Sheet表。基于VBA编程，编制了对指定目录下的所有电子表格文档预设区块切割汇集、加工整理的软件模块，完成了对大部分农气表-1、烘干法土壤水份观测报表的分类整理。下面以农气表-1资料为重点，以举例的形式，进行分析与总结。

2 结果与分析

2.1 数字化资料录入整理流程图（图1）

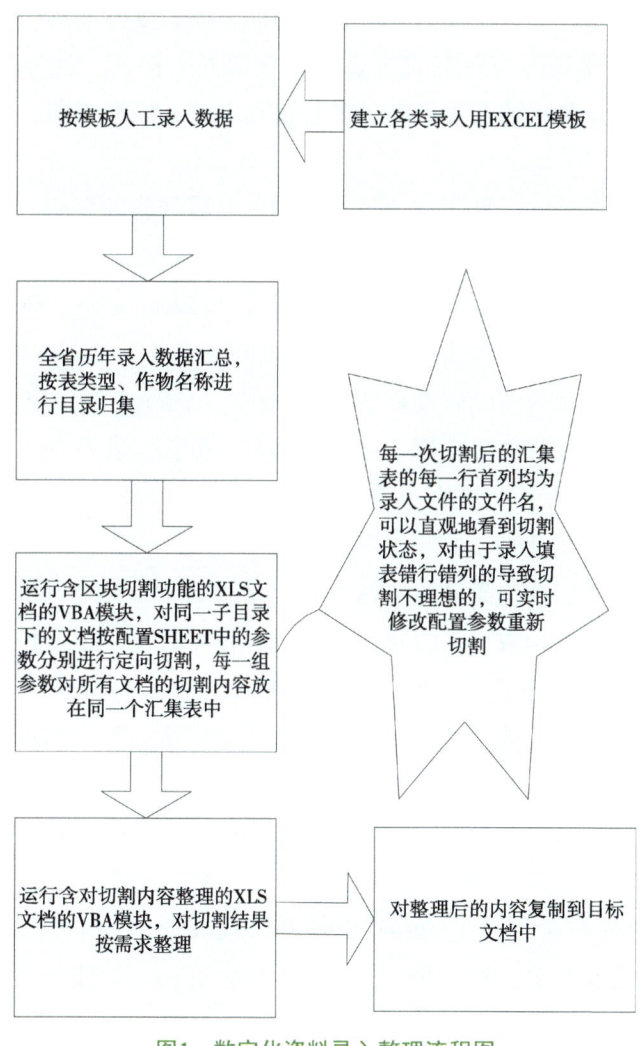

图1 数字化资料录入整理流程图

2.2 模板文件

2.2.1 模板文件的命名方式

模板Excel文件应该有较为严格的命名方式，其中包含区站号、年代、作物名称、栽培方式，品种类型等信息。如"IIIII_YYYY_双季晚稻_移栽_杂交稻_籼稻.xls"，作物名称用"双季晚稻"而不用"水稻"，用来区别"一季稻"。

2.2.2 模板文件的格式设置原则

模板文件的格式设置采用大同小异、兼顾全面、方便汇总的原则。

大同小异主要表现在所有农气表-1模板取同一样式，就类似于纸质报表的底表一样，但每种作物的发育期、产量结构、产量因素不同，且需要事先设定完好。

兼顾全面。对于同一种作物（比如水稻），其作物发育期、产量结构分析项目应该以最大范围进行输入模板预设。在1979年版《农业气象观测方法》中，水稻的发育期依次为：播种、出苗、三叶、移栽、返青、分蘖、有效分蘖终止期、穗始分化、孕穗、抽穗、开花、乳熟、成熟；在1994年版《农业气象观测规范》中，水稻的发育期依次为：播种、出苗、三叶、移栽、返青、分蘖、分蘖盛期、有效分蘖终止期、拔节、孕穗、抽穗、乳熟、成熟；在进行输入模板预设时，为两者的并集：播种、出苗、三叶、移栽、返青、分蘖、分蘖盛期、有效分蘖终止期、拔节、穗始分化*、孕穗、抽穗、开花*、乳熟、成熟。在1979年版《农业气象观测方法》中，水稻的产量结构分析项目依次为：空壳率、秕谷率、穗粒数、穗粒重、千粒重、亩籽粒重、亩茎秆重、籽粒与茎秆比；在1993年版《农业气象观测规范》中，水稻的产量结构分析项目依次为：穗粒数、穗结实粒数、空壳率、秕谷率、千粒重、理论产量、株成穗数、成穗率、茎秆重、籽粒与茎秆比。在进行输入模板预设时，为两者的并集：穗粒数、穗粒重*、穗结实粒数、空壳率、秕谷率、千粒重、理论产量、亩籽粒重*、株成穗数、成穗率、亩茎秆重*、茎秆重、籽粒与茎秆比。在以上并集项目中加*号标志的，表示只在1994年以前的旧式报表中才有的项目。另外，尽管理论产量、亩籽粒重是同一个意义，但因单位有别，单独分列，可使人工录入数据方便、真实。

再如，在农气表-1模板中，直接增加土壤水分内容，以方便对1994年以前农气表-1中，土壤水分资料的录入。

方便汇总。如杜绝纸质报表中，多内容填一格的状况：在密度设置一块，设"密度（总茎数）""密度（有效茎数）"两行，将发育盛期、有效分蘖终止期等在纸质文档中不占正位的，在"普遍期"行给予正位。

2.2.3 模板文件的录入原则

所有单元格均设置为文本格式，避免程序将日期"6.20"处理成"6.2"错误。所有需要填写日期的地方直接使用数字，如6月5日，记作6.5，不要写成06.05；起止日期如6月5日至6月8日，记作6.5~6.8；数值的小数点位数参照示例文档中填写，如千粒重需保留2位小数。

文本录入时，不更换段落时，不要输入回车键。

2.3 模块文件

模块文件是指含区块切割功能VBA模块的Excel文档。包含"源文件写入目标时行数不变""源文件写入目标时转置"两个主模块：各种报表分类信息归集，基本是区块切割方法，对应"源文件写入目标时行数不变"模块；但对于土壤水分按日期纵向排列的报表，增加了区块切割后转置为横向再行汇总的思路，由"源文件写入目标时转置"模块完成。

区块切割配置表"Sheet_Range"。图2棉花区块切割配置表"Sheet_Range"中，B1~B5依次为源数据sheet序号、源数据起始行号、源数据终止行号、源数据起始列号、源数据终止列号，是运行时的当前配置，程序从此处获取配置参数。图中当前配置主要用于完成各站发育期、高度、密度、生长状况等要素的切割汇集。当要进行产量结构汇集时，可将I1：J6的内容复制粘贴到A1：B6。其他项目如封面、产量因素（三桃数据）、田间记载、生长量、气象条件分析等，均可通过复制粘贴法改变当前配置。每次对模板文件的录入时，难免会产生行列错位，可根据切割汇集结果灵活进行配置参数的微调。

汇集结果存放表"Sheet1"，如图3。其中，表名"NQ1"表示"农气表1"的意思。汇集了全省历年棉花发育期、高度、密度、生长状况结果在表"Sheet1"中。因为作物发育期与生长高度、密度、生长状况是一一对应的，故将它们作为一个区块进行切割汇集、加工整理。

汇集结果整理存放表"Sheet2"。汇集结果"Sheet1"的每行首列均有相关行的源数据文件名，通过运行"初步整理模块"自动删除"Sheet1"中除首列外的其他列均为空白的行，整理后的结果自动放在"Sheet2"表中。

最后，利用Excel自带的索引、筛选、排序功能，对汇集结果初步结果进行深加工，即可得到期望的数据表格。

	A	B	C	D	E	F	G	H	I	J	K	L	M
1	源数据sheet序号	2	源数据sheet序号	1	源数据sheet序号	2	源数据sheet序号	2	源数据sheet序号				
2	源数据起始行号	1	源数据起始行号	9	源数据起始行号	10	源数据起始行号	14	源数据起始行号				
3	源数据终止行号	9	源数据终止行号	11	源数据终止行号	13	源数据终止行号	16	源数据终止行号				
4	源数据起始列号	2	源数据起始列号	8	源数据起始列号	4	源数据起始列号	4	源数据起始列号				
5	源数据终止列号	16	源数据终止列号	15	源数据终止列号	8	源数据终止列号	14	源数据终止列号				
6	发育期、状、高、密		封面			三桄数据	产量结构		田间记载				
7	报界内容动态变化		此块数据始终不变										
8													
9	源数据sheet序号	2	源数据sheet序号	4	源数据sheet序号	3	源数据sheet序号	4	源数据sheet序号				
10	源数据起始行号	1	源数据起始行号	20	源数据起始行号	2	源数据起始行号	4	源数据起始行号				
11	源数据终止行号	9	源数据终止行号	32	源数据终止行号	16	源数据终止行号	29	源数据终止行号				
12	源数据起始列号	2	源数据起始列号	2	源数据起始列号	8	源数据起始列号	22	源数据起始列号				
13	源数据终止列号	16	源数据终止列号	21	源数据终止列号	8	源数据终止列号	25	源数据终止列号				
14	发育期、状、高、密		生长量			地段说明	产量鉴定分析		地方产量				
15													
16													
17	源数据sheet序号	4	源数据sheet序号	4	源数据sheet序号	4	源数据sheet序号	4	源数据sheet序号				
18	源数据起始行号	2	源数据起始行号	2	源数据起始行号	10	源数据起始行号	4	源数据起始行号				
19	源数据终止行号	29	源数据终止行号	2	源数据终止行号	10	源数据终止行号	4	源数据终止行号				
20	源数据起始列号	22	源数据起始列号	5	源数据起始列号	5	源数据起始列号	5	源数据起始列号				
21	源数据终止列号	25	源数据终止列号	21	源数据终止列号	21	源数据终止列号	21	源数据终止列号				
22	年气象条件分析		生产水平			大田生长状况	大田播种名称、日期		大田调查地点				

图2　棉花区块切割配置图

	A	B	C	D	E	F	G	H	I
1	文件名	表名	区站号						
2	57277-棉花-1994.xls	NQB1	57277	发育期(月、日)名　称		播种	出苗	三叶	五叶
3	57277-棉花-1994.xls		57277	始　期				5.17	5.26
4	57277-棉花-1994.xls		57277	普遍期		4.16	4.26	5.24	5.31
5	57277-棉花-1994.xls		57277	末　期				5.28	6.2
6	57277-棉花-1994.xls		57277						
7	57277-棉花-1994.xls		57277	生长状况(类)			2	2	2
8	57277-棉花-1994.xls		57277	生长高度(厘米)					
9	57277-棉花-1994.xls		57277	密度		[株(茎)]数/平方米			2.99
10	57277-棉花-1994.xls								
11	57277-棉花-1995.xls		57277	发育期(月、日)名　称		播种	出苗	三叶	五叶
12	57277-棉花-1995.xls		57277	始　期				5.16	5.24
13	57277-棉花-1995.xls		57277	普遍期		4.16	4.30	5.20	5.28
14	57277-棉花-1995.xls	NQB1	57277	末　期				5.22	5.30
15	57277-棉花-1995.xls		57277						
16	57277-棉花-1995.xls	NQB1	57277	生长状况(类)			2	2	2

图3　全省历年棉花发育期、高度、密度、生长状况汇集图

3　小结与讨论

Excel录入模板文档，与纸质报表版式相近，数据录入时直观明了。对录入数据进行归集整理后，可直接应用VBA编程，生成符合类似"土壤水分观测记录年报表（农气表-2）数字化录入格式"要求的格式化文件。

好的电脑程序设计开发，可以为多快好省地做好气象资料信息化处理提供

好的平台。农气报表数字化资料直接录入与模板录入相比较，不但实际操作费时费力，而且格式易出错，不便于校对，难以保障基础气象档案工作对数据质量的要求；模板录入可通过将两次人工录入、汇集后的资料软件自动比对，直接找出错录、漏录部分，预以更正。有了整理后的目标文档，可按照任意文件格式，生成所需要的任意格式的文本文档。